dictionnaire de poche
l'impressionnisme

dictionnaire de poche

l'impressionnisme

hazan

35-37 RUE DE SEINE PARIS VI

INTRODUCTION PAR JEAN SELZ
TEXTES DE RAYMOND COGNIAT
FRANK ELGAR
JEAN SELZ

Maquette de René Ben Sussan

IMPRIMÉ EN ITALIE - 1.3.87 - (G.E.A. - MILANO)
I.S.B.N. 2-86535-068-1

L'IMPRESSIONNISME

Une manière de peindre

L'histoire de l'Impressionnisme, c'est d'abord celle d'un groupe de peintres qui, entre 1874 et 1886, ont entrepris d'exposer leurs œuvres ailleurs qu'au Salon officiel. C'est aussi l'histoire d'une certaine manière de peindre dont on trouve les premières intentions bien avant la formation de ce groupe, et dont les répercussions seront multiples et capitales sur la peinture du XXᵉ siècle.

En quoi consistait cette manière de peindre ? Dans le sens général que lui donne le mot même d'*Impressionnisme*, c'est la forme par laquelle est exprimée une impression. En cela l'on doit comprendre qu'il existe une différence entre tout spectacle de la nature et l'impression que nous en ressentons. Et que cette impression n'est pas ressentie par tous de la même manière. Mais si nous voulons savoir à quelle technique picturale particulière s'applique le mot *Impressionnisme*, il nous faut examiner les toiles de ceux qui, dans l'histoire de ce mouvement, ont principalement fait usage de cette technique. Leur nombre est restreint. Ce sont, notamment, Claude Monet, Auguste Renoir, Alfred Sisley, Camille Pissarro, Berthe Morisot. Tous, à part Renoir, sont des paysagistes (et si Renoir ne le fut pas exclusivement, c'est surtout dans ses paysages qu'il fut impressionniste).

Ce qui frappe dans leur peinture, ce qui leur est commun à tous, sans que cela diminue en rien la personnalité de chacun, c'est d'abord une prédilection pour les couleurs claires, c'est la vivacité de ces couleurs et leur diversité. Et cela frappe surtout si l'on compare leurs tableaux à ceux des peintres qui les ont précédés aussi bien qu'à ceux des Académistes de leur époque. Ils s'en différencient également par la façon dont sont posées les touches de peinture sur la toile, touches un peu allongées ou en forme de virgule, sans que le peintre ait eu souci, dirait-on, de respecter la forme de l'objet, dont nul dessin précis ne vient d'ailleurs fixer le contour; elles semblent obéir à un mouvement rapide de la main, laissant le pinceau libre de leur donner ou non de l'épaisseur. Et le plus souvent, plusieurs tons différents, qui auraient pu être mélangés sur la palette, se trouvent posés les uns à côté des autres, formant, surtout lorsqu'il s'agit de paysages ensoleillés et reflétés sur la surface de l'eau (les Impressionnistes ont toujours été séduits par les rivières, les étangs, l'eau des ports), une image assez chatoyante qui exprime, effectivement, *l'impression* fugitive qu'à leur vue on peut éprouver. Enfin, les ombres elles-mêmes sont colorées et faites de plusieurs couleurs juxtaposées.

Ainsi, le peintre ne cherchait plus à dissimuler son coup de pinceau, et sa technique mouvementée s'appliquait à tous les éléments du tableau, aux arbres, aux maisons, à l'eau aussi bien qu'aux ciels et aux personnages. Telles étaient les caractéristiques, alors révolutionnaires, de la peinture impressionniste. Leur nouveauté, incomprise, annonçait une certaine autonomie de la couleur par rapport au sujet. C'est en cela qu'elle sanctionnait une rupture entre la peinture classique et la peinture moderne. Et c'est pourquoi l'Impressionnisme occupe une place de premier plan dans l'histoire de l'art.

Les précurseurs

Cependant, quelques peintres, longtemps avant les Impressionnistes, avaient déjà usé d'une liberté dans la manière de traiter la couleur qui permet de les considérer comme leurs devanciers. Pour nous en tenir à ceux chez qui cette manière est particulièrement manifeste, il faut en premier lieu citer Frans Hals. Lorsque Manet fit un séjour en Hollande en 1872, il étudia avec beaucoup d'attention les Frans Hals du Musée de Haarlem. La vigueur des touches, le mouvement de ces touches dans certains portraits, le frappèrent au point d'apporter une impulsion nouvelle à sa peinture, ainsi qu'on peut l'observer dans les toiles qu'il peignit à partir de cette année-là (*Berthe*

Morisot au chapeau noir, par exemple). Que Manet ait toujours refusé de se joindre à ses amis impressionnistes dans leurs expositions (par antipathie pour la peinture de Cézanne et surtout parce qu'il était résolu à s'imposer au Salon) ne devait pas empêcher son influence de s'exercer sur eux.

Au demeurant, d'autres et de moins lointains précurseurs que Frans Hals offraient aux peintres, dans la première moitié du XIXᵉ siècle, l'exemple de leurs hardiesses picturales : les paysagistes anglais, notamment John Constable et J. M. William Turner. Il est d'ailleurs curieux qu'à un semi-siècle de distance Constable ait fait une impression aussi forte sur Delacroix que sur Monet : le premier avait vu sa *Charrette de foin* au Salon de 1824, le second verra ses œuvres à Londres en 1871. L'un et l'autre ne devaient manquer d'y admirer ce sentiment du plein air qui fut très long à se répandre dans la peinture française, où la nature semblait moins aimée pour elle-même que pour le décor qu'elle pouvait apporter à une scène historique ou mythologique. De plus, Delacroix avait trouvé en Constable un encouragement à travailler de façon plus libre et à mêler ses couleurs sur la toile sans les avoir mélangées sur sa palette. C'est ce procédé qu'il appellera le « flochetage » et auquel se référeront les Impressionnistes (et plus encore les Néo-Impressionnistes pour saluer en lui un précurseur. Mais lui-même ne fit usage de cette technique que d'une façon partielle, dans certains morceaux de ses grandes compositions ou dans de petites toiles comme le *Portrait de Chopin*. D'autre part, on peut établir une relation entre Constable et Boudin : les petites plages et les études de ciel du premier annonçaient, dans les années 20, celles que fera Boudin cinquante ans plus tard.

Cependant, l'élément de choc venu d'Outre-Manche c'est à Turner que les Impressionnistes le doivent, au Turner de la dernière période (après 1830), lorsque la couleur et la lumière semblaient absorber le dessin et dissoudre tout sujet dans l'atmosphère. En dépit des réserves que, plus tard, Monet et Pissarro formuleront à son égard, l'un lui reprochant son romantisme, l'autre de n'avoir pas soumis la coloration des ombres à un travail analytique, le peintre anglais, plus que tout autre, exerça une action stimulante sur la formation de l'Impressionnisme.

En France, les précurseurs du mouvement s'étendent sur

7

deux générations : celle de Delacroix à laquelle se rattache Corot, et celle de Boudin à laquelle appartient Jongkind dont la facture nerveuse, particulièrement sensible dans ses aquarelles, était mise au service d'un constant désir de se saisir de ces instants fugitifs que la lumière apporte aux paysages sous des ciels agités. Il était devenu, en 1862, un grand ami de Monet et travailla plus d'une fois avec lui et Boudin au Havre. Entre ces deux générations se situent les peintres de Barbizon qui ont, peu à peu, conduit le paysage vers une conception plus naturaliste. Mais Courbet, en qui l'on a vu « le chef de l'École réaliste », fait beaucoup moins figure de pré-impressionniste qu'un artiste longtemps méconnu comme Auguste Ravier dont les paysages étaient peints par grandes masses colorées, aux formes indécises. Henri Focillon les a évoqués en parlant du « soleil trouble » qui laissait « palpiter ses rayons tremblants à travers des soirs gorgés de vapeurs ».

Une Société Anonyme Coopérative

L'évolution idéologique des artistes relativement à la liberté apportée à leur manière de peindre et au choix des sujets, s'est accomplie parallèlement à l'évolution des idées dans le domaine social. C'est ainsi que les conceptions picturales du petit groupe qui, autour de Manet, réunissait, entre 1866 et 1870, Degas, Renoir, Bazille, Fantin-Latour, Cézanne, Monet, Pissarro et quelques autres, coïncidaient avec leur volonté de lutter contre les contraintes imposées par les jurys du Salon devant lesquels leurs œuvres étaient systématiquement refusées. Les discussions passionnées, parfois même les disputes (assez vives entre Manet et Degas), auxquelles ils se livraient, avaient pour théâtre le Café Guerbois, petit café de la Grande rue des Batignolles (aujourd'hui avenue de Clichy). Il y venait aussi des écrivains, entre autres Émile Zola, Duranty, Armand Sylvestre. C'est là que furent élaborés divers projets qui aboutirent à la fondation de la *Société Anonyme Coopérative des Artistes peintres, sculpteurs, graveurs, etc.*, dont le but était de constituer un mouvement de solidarité entre artistes unis moins par une même tendance esthétique que par une commune hostilité au pouvoir officiel des Salons. C'est contre les Salons, contre le conformisme des jurys, que s'organisèrent alors, sous l'impulsion de Monet, ces expositions mémorables. La guerre de 1870 et la Commune en retardèrent la réalisation. Le groupe fut momentanément dispersé. Monet et Pissarro étaient à Londres, Manet près de Bordeaux, Cézanne à Aix, Sisley en Angleterre, Berthe Morisot à Saint-Germain puis à Cherbourg.

C'est seulement en 1874, du 15 avril au 15 mai, qu'eut lieu la première exposition, dans des locaux prêtés par le photographe Nadar, ami des peintres, au deuxième étage du 35 boulevard des Capucines, à l'angle de la rue Daunou. Cent soixantecinq œuvres y furent exposées, représentant la participation de trente artistes dont voici la liste complète : Astruc, Attendu, Béliard, Boudin, Bracquemond, Brandon, Bureau, Cals, Cézanne, Colin, Degas, Debras, Guillaumin, Latouche, Lepic, Lépine, Levert, Meyer, de Molins, Monet, Berthe Morisot, Mulot-Durivage, de Nittis, A. Ottin, L.-A. Ottin, Camille Pissarro, Renoir, Robert, Rouart et Sisley.

Cette première des huit expositions qui, par la suite, seront dites « impressionnistes », fut celle qui groupa le plus grand nombre de participants. Mais bien peu parmi eux, à peine une dizaine, devaient accéder à la célébrité. Renoir y présentait six toiles parmi lesquelles l'une des plus belles qu'il devait peindre dans sa vie, *la Loge* (Londres, Institut Courtauld), et Monet cette œuvre sur quoi repose l'appellation même d' « Impressionnisme » : *Impression, Soleil levant*, datée de 1872. Il avait été un peu embarrassé pour donner un titre à cette toile, peinte de sa fenêtre, au Havre, et qui n'était pas à proprement parler une « Vue du Havre ». Elle représente, se confondant avec les vapeurs bleutées de l'aube et les roses du ciel, quelques silhouettes imprécises de bateaux et leurs reflets dans l'eau du port. C'est vraiment une « impression », notée par touches légères où, sous la couleur, le dessin ne semble pas avoir eu besoin d'intervenir. Impression profondément poétique, mais exprimée dans une forme picturale qui pouvait sembler négligée ou inachevée et qui allait dérouter le public et soulever la réprobation de la critique.

Le 25 avril, un article de Louis Leroy paraissait dans *le Charivari*, sous le titre *Exposition des Impressionnistes*. Le mot devait leur rester. Mais l'article était fait pour tourner en dérision les exposants et leur peinture. A propos de la toile de Monet, l'auteur faisait dire à un visiteur de l'exposition : « Le papier peint à l'état embryonnaire est encore plus fait que cette marine-là ! » De son côté, Jules Claretie écrivit que Monet, Pissarro et Berthe Morisot avaient « déclaré la guerre à la beauté ». Après quoi, le public vint voir les « absurdes barbouillages » pour s'en moquer.

Cependant, sept autres expositions suivirent celle de 1874 : en 1876, chez Durand-Ruel, rue Le Peletier ; en 1877, dans un appartement vide au 6 de la même rue ; en 1879, 28, avenue de l'Opéra (et sous le titre : *Un groupe d'artistes indépendants*) ; en 1880, 10, rue des Pyramides ; en 1881, 35, boulevard des Capucines ; en 1882, 251, rue Saint-Honoré ; enfin, en 1886, au premier étage de la Maison Dorée, à l'angle de la rue Laffitte et du boulevard des Italiens.

Parmi les cinquante-cinq artistes qui, au total, participèrent aux huit expositions, aucun, sauf Pissarro, ne sera enclin à figurer dans chacune d'elles. Degas, Berthe Morisot et Henri Rouart (ingénieur et industriel qui se fera plus connaître par son goût de collectionneur que par sa peinture) seront les plus fidèles en exposant sept fois. Un certain nombre de ceux qui avaient pris part à la première exposition estimèrent prudent, par la suite, de s'abstenir. Mais d'autres noms apparurent parmi lesquels, pour ne citer que les plus connus : J.-B. Millet et Caillebotte en 1876 ; Gauguin, Mary Cassatt, Lebourg, Forain et Zandomeneghi en 1879 ; Raffaëlli et Vignon en 1880 ; enfin, Seurat, Signac, Lucien Pissarro (fils de Camille), Odilon Redon et Schuffenecker en 1886. Si l'on observe que, dans cette dernière exposition, ne figuraient ni Monet, ni Renoir, ni Sisley, il était vraiment difficile de pouvoir encore parler d'un « groupe », moins encore d'un « groupe impressionniste ». En fait, le mot *impressionniste* avait disparu déjà depuis plusieurs années de ces manifestations.

Ainsi ces huit expositions, qu'on a coutume d'appeler les « expositions impressionnistes », n'ont jamais été qu'en partie représentatives du mouvement. Elles ont plus souligné les divergences entre les peintres qu'elles ne les ont esthétiquement rapprochés. Mais c'est grâce à elles, grâce au scandale qu'elles ont suscité, que le mouvement impressionniste s'est imposé, s'est rendu célèbre et s'est constitué, en quelque sorte, un « état civil » dans l'histoire de la peinture.

La présence plus ou moins assidue des peintres à ces expositions était d'ailleurs sans rapport avec le caractère plus ou moins impressionniste de leur peinture. Monet qui, par son œuvre autant que par son action entraînante, ses convictions, son influence, peut vraiment être appelé le « père de l'Impressionnisme », n'exposa avec le groupe que cinq fois — une fois de plus que Renoir et Sisley, deux fois de moins que Degas dont les recherches se poursuivirent dans un sens qui devait l'éloigner des conceptions de ses amis. Quant à Cézanne, il cessa d'exposer après 1877 et sa peinture, en s'orientant vers cet esprit constructif d'où naîtra le Cubisme, s'opposera nettement à celle des Impressionnistes.

Le fait nouveau en 1886 était moins, d'ailleurs, la dislocation du groupe qui avait fondé, presque à son insu, le mouvement impressionniste que l'apparition, avec Seurat, Signac — et Pissarro, leur soudain adepte — d'un autre mouvement qui avait entrepris de codifier sur des données scientifiques les problèmes de la couleur, de formuler une théorie sur une nouvelle forme d'expression, baptisée par Félix Fénéon *Néo-Impressionnisme*, mais qui, en vérité, s'opposait au libre travail des Impressionnistes beaucoup plus qu'elle ne le prolongeait. Cette manière particulière d'utiliser la couleur par petites touches régulières est aussi nommée « divisionnisme », et le grand public la connaîtra surtout sous le nom de « pointillisme ».

Les Impressionnistes n'en continuèrent pas moins leur œuvre avec une résolution qu'aucune opposition, aucune hostilité, ne devait décourager. Mais il fallut de longues années avant qu'ils fussent compris et que leur art fût reconnu par tous les musées du monde comme un des grands moments de la peinture française.

Néo-Impressionnistes et Post-Impressionnistes

Artistes épris de liberté plus que de doctrines, les Impressionnistes n'ont laissé aucun texte théorique sur leurs idées en peinture. Leur façon de s'exprimer, leur conception de la couleur répondaient néanmoins à des préoccupations scientifiques qui avaient fait l'objet, une quarantaine d'années plus tôt, d'une étude du chimiste Chevreul et que d'autres travaux, à partir de 1878, viendront étayer et compléter : ceux de Helmholtz, Sutter, Rood, entre autres. C'est sur ces travaux

RENOIR.
PORTRAIT DE CLAUDE MONET. 1875.
MUSÉE DE L'IMPRESSIONNISME, PARIS

RENOIR.
AUTOPORTRAIT. VERS 1876.
FOGG ART MUSEUM,
CAMBRIDGE (U.S.A.)

DEGAS.
AUTOPORTRAIT. VERS 1854-1855.
MUSÉE DE L'IMPRESSIONNISME,
PARIS

CÉZANNE.
AUTOPORTRAIT À LA PALETTE.
VERS 1885-1887.
COLLECTION E. G. BÜHRLE, ZURICH

VAN GOGH.
AUTOPORTRAIT
AU CHEVALET. 1888.
MUSÉE VAN GOGH,
AMSTERDAM

GAUGUIN.
AUTOPORTRAIT
AU CHRIST JAUNE. 1890.
ANCIENNE COLLECTION
MAURICE DENIS

13

que fut fondée la théorie du « mélange optique » ou « divisionnisme ». On verra à l'article sur *Seurat* quels en étaient les principes et comment ils conduisirent celui-ci à devenir le chef de l'Ecole néo-impressionniste.

Commenté et défendu par Fénéon, dans des revues comme *l'Art Moderne* et *la Vogue*, le Néo-Impressionnisme eut en Signac — qui aurait préféré l'appeler « Chromo-luminarisme » — son plus fervent disciple, son actif propagandiste et son théoricien. Cependant Seurat, assez soucieux de ne pas se voir contester la paternité du procédé, — et l'on pourrait dire, à cet égard, qu'il fut le plus pointilleux des Pointillistes, — ne s'enchantait pas du nombre grandissant de ses adeptes. Ce furent, notamment, Henri-Edmond Cross, Charles Angrand, Albert Dubois-Pillet, Theo van Rysselberghe, Hippolyte Petitjean, Maximilien Luce, Henry van de Velde, Lucie Cousturier, Louis Hayet, etc. Bien que l'importance historique du Néo-Impressionnisme soit beaucoup moins grande que celle de l'Impressionnisme lui-même, bien que son influence soit demeurée assez limitée, son étendue vous frappe lorsqu'on relève le nom de tous ceux qui, plus ou moins passagèrement, en ont subi la contagion. Cela tient au fait que la technique pointilliste est immédiatement discernable alors que dans ses prolongements proches ou lointains l'Impressionnisme apparaît sous des formes très différenciées. Il devait pourtant arriver un moment — prévu par Seurat — où, dans ses applications tardives, le Pointillisme ne fut plus qu'une recette recouvrant des tendances aussi diverses que le réalisme d'un Henri Martin ou d'un Le Sidaner, et le futurisme de Giacomo Balla, qui s'en servit en 1912, en l'adaptant à sa technique de la représentation du mouvement, comme dans sa *Jeune fille courant sur un balcon*.

Mais, avant cela, l'action la plus directe et la plus stimulante du Néo-Impressionnisme s'exerça sur la formation des Fauves. Un des premiers à en subir l'attrait fut Henri Matisse lorsqu'en 1904, alors qu'il n'avait pas encore trouvé sa véritable voie, il fit un séjour à Saint-Tropez, près de Signac et de Cross. Leur exemple l'engagea à expérimenter le système divisionniste (dont Signac disait qu'il était « une philosophie et non un système ») dans une toile intitulée *Luxe, calme et volupté*, dont la composition présentait une évidente parenté avec le *Paysage aux baigneuses* (1894) de Cross, et *Au temps d'harmonie*

(1895) de Signac. L'intérêt de Matisse pour ce procédé sera plus fort après qu'il aura vu la grande exposition Signac à la Galerie Druet en décembre 1904. Toutefois, il ne l'appliquera que pendant quelques mois et d'une façon peu rigoureuse. Dans ses toiles néo-impressionnistes de 1905, *Pastorale* ou *la Femme à l'ombrelle*, on sent que Matisse était déjà touché par ce qui deviendra le Fauvisme en cette même année. Cette source du Fauvisme s'explique d'ailleurs par l'emploi, non exclusif mais fréquent, que les disciples de Seurat, et surtout Signac, faisaient de la couleur pure. Presque tous les Fauves eurent ainsi, comme Matisse, leur période pointilliste : Louis Valtat, Derain, Vlaminck, Braque. C'est dans certaines toiles de ce dernier, comme *l'Estaque*, en 1906, qu'on peut le mieux remarquer le point de rencontre du Néo-Impressionnisme et du Fauvisme : de larges aplats de couleur y voisinent avec des touches rectangulaires issues d'un pointillisme évolué.

Chez d'autres peintres dont l'esthétique se situe entre Impressionnisme et Fauvisme, on en trouve encore la marque : chez Van Gogh en particulier, dès 1887, dans ses *Vues de la Butte Montmartre*. Mais déjà s'y manifestait sa tendance toute personnelle à ces touches très allongées qui évoquent un peu l'aspect d'un tissu tricoté. C'est d'ailleurs en mêlant des fils de laine de diverses couleurs que Van Gogh essayait ses « mélanges optiques ». Conservé au Musée Vincent van Gogh à Amsterdam, le petit coffret japonais contenant ces pelotes de laine est le moins connu et le plus curieux des objets historiques du Néo-Impressionnisme. Enfin, au nom de Van Gogh, il faut ajouter ceux de Gauguin, en 1888 ; de Van Dongen, vers 1905 ; de Delaunay, en 1906 ; de Mondrian, vers 1910 et en 1911. Mais Gauguin, auparavant, avait eu sa période impressionniste, et lorsqu'il se tournera vers une tout autre manière, ayant trouvé en Bretagne, à Pont-Aven, l'atmosphère mystique propre à s'accorder à ses conceptions à la fois symbolistes et « synthétistes », son œuvre restera marquée par cet amour de la couleur qu'il devait aux Impressionnistes et qui lui fera dire : « Si vous voyez une ombre bleue, il faut la peindre le plus bleue possible. » Plus fidèle que Gauguin à la touche mouvementée des Impressionnistes, Toulouse-Lautrec s'en servira, dès 1886, pour donner à ses personnages, à ses portraits, cette vie intense qu'on trouve chez Renoir, et qui semble le prolongement dans le domaine de la figure humaine de ce que Monet ou Pissarro avait apporté au paysage. Et, sans aucun doute, si ces grands modèles n'avaient pas été pour lui des exemples assez fascinants pour stimuler ses ambitions de peintre et cautionner à ses yeux ses propres idées sur la façon de s'exprimer, jamais il n'eût accompli cette œuvre d'une liberté d'expression exceptionnelle.

Mais les prolongements de l'Impressionnisme sont si évidents et si étendus qu'il serait fastidieux et inutile d'en relever les traces innombrables jusque dans la peinture du xxᵉ siècle. Le cas le plus frappant est celui de Bonnard dont on pourrait dire qu'il devint impressionniste à partir de 1910 et le resta jusqu'à sa mort, en 1947. En Allemagne, au début du siècle, quelques artistes tels que Max Liebermann, Lovis Corinth, Max Slevogt, devaient aussi prendre place parmi les Post-Impressionnistes. Et si l'on suit dans la logique de son cheminement cette indépendance donnée il y a un siècle à la couleur, il faut admettre que la peinture abstraite dans son tachisme le plus gestuel en découle tout naturellement.

Le Musée de l'Impressionnisme, fondé au Jeu de Paume en 1947, contient quelque cinq cents œuvres. On peut y voir notamment tout ce qui fut accepté par l'État du legs Caillebotte de 1894, c'est-à-dire quarante toiles, alors que la collection en comprenait soixante-neuf. Il nous paraît peu croyable aujourd'hui que tant de chefs-d'œuvre aient été accueillis, lors de leur entrée au Musée du Luxembourg en 1897, par d'âpres protestations que résume cette interpellation au Sénat, dénonçant la collection Caillebotte comme « un défi au bon goût du public » et comme « l'antithèse de l'art français ».

JOHN CONSTABLE.
1776-1837.
VUE D'EPSOM.
VERS 1808.
TATE GALLERY,
LONDRES

TURNER.
1775-1851.
LA PIAZZETTA.
1839-1840.
TATE GALLERY,
LONDRES

RICHARD PARKES
BONINGTON.
1802-1828.
LE PARTERRE D'EAU
À VERSAILLES.
1825.
MUSÉE DU LOUVRE,
PARIS

17

DICTIONNAIRE

ACADÉMIE SUISSE. C'est dans un misérable local du quai des Orfèvres que, sous la Seconde Restauration, un ancien modèle du nom de Suisse (on l'appelait le Père Suisse) avait fondé une académie libre. La cotisation était de 10 francs par mois. On y rencontra Bonington, Delacroix et Courbet qui, en 1842, y vint étudier le nu. L'apogée de l'Académie Suisse se situe aux alentours de 1860, lorsque la fréquentèrent les futurs Impressionnistes. C'est en 1859 que Pissarro y connut Monet, Guillaumin et, en avril 1861, y rencontra Cézanne fraîchement débarqué d'Aix-en-Provence avec qui il noua aussitôt une amitié qui ne se démentira plus. Parmi les modèles attitrés de l'Académie figurait un nègre du nom de Scipion, qui inspira à Cézanne la fameuse toile aujourd'hui au Musée de São Paulo. L'Académie Suisse constitua longtemps l'antichambre de l'École des Beaux-Arts, car les artistes pouvaient s'y livrer à des audaces que l'art officiel n'eût jamais tolérées.

ATELIER GLEYRE. Si l'on se souvient encore du nom de Gleyre, peintre d'origine suisse (1808 - 1874), c'est qu'il avait ouvert un atelier où, en 1862, fréquentèrent Monet,

Bazille, Sisley et Renoir. Au dire de ce dernier, le professeur accordait certaine liberté à ses élèves. Toutefois ne lui avait-il pas demandé un jour : " Faites-vous de la peinture pour vous amuser ? " A quoi Renoir lui avait répondu : " Mais certainement; et si ça ne m'amusait pas, je vous prie de croire que je n'en ferais pas. " L'atelier Gleyre constituait un complément pour l'École des Beaux-Arts. Lors d'une séance de travail avec modèle vivant, Monet devait s'attirer la remarque suivante, qui résume parfaitement les principes sur lesquels reposait l'enseignement officiel : " Rappelez-vous, jeune homme, que quand on exécute une figure, on doit toujours penser à l'antique. La nature, c'est très bien comme élément d'étude; mais ça n'offre pas d'intérêt. Le style, voyez-vous, il n'y a que ça ! " D'après Gustave Geffroy, les quatre amis auraient quitté l'atelier Gleyre, à la suite d'une séance de correction qui n'était pas de leur goût.

BAZILLE Frédéric (1841 - 1870). Né à Montpellier, mort à Beaune-la-Rolande. Peu après son arrivée à Paris, en 1862, ce descendant d'une vieille famille protestante du Languedoc devient l'ami de Claude Monet, Renoir, Sisley qu'il avait rencontrés à l'atelier Gleyre, dont il suivait les cours tout en faisant ses études de médecine. Il se consacrera bientôt à la peinture, sa passion exclusive. Ses dons étaient réels. Mais c'est surtout par les sentiments affectueux et l'aide pécuniaire qu'il dispensait à ses camarades que Bazille a joué un rôle décisif dans la naissance de l'Impressionnisme. Il ne devait pas en voir l'épanouissement, ni la réussite. A 29 ans, en effet, il fut tué au combat, à Beaune-la-Rolande, laissant une production variée, de coloris clair, d'atmosphère limpide, à laquelle manquent fermeté et autorité. Bazille est-il mort trop tôt pour donner toute sa mesure, ou bien avait-il déjà tout dit quand il tomba sous les balles allemandes ? Toujours est-il que son œuvre majeure, *la Réunion de famille* (1867, Musée de l'Impressionnisme), semble dépourvue d'accent, si on la compare aux grandes compositions de Renoir et de Monet.

BOUDIN Eugène (1824 - 1898). Né à Honfleur, mort à Deauville. Il était libraire au Havre quand Millet découvrit son talent et l'encouragea à se consacrer exclusivement à la peinture. Après quelques voyages, en Belgique, en Hollande, dans le

GLEYRE. LES ILLUSIONS PERDUES. 1843. MUSÉE DU LOUVRE, PARIS

nord de la France, Boudin ne quittera plus la côte normande, sauf en 1895, pour visiter la Côte d'Azur et Venise. Au Havre, il avait fait la connaissance de Baudelaire, Courbet, Monet et de Jongkind, qui exerça sur lui une influence décisive. Il devait, à son tour, servir de caution aux Impressionnistes. Boudin fut le peintre des ciels et des eaux de la Manche, des transparences de l'atmosphère, des tendres nuances de la lumière, qui fait scintiller les femmes en crinoline groupées sur les plages ourlées de vagues chatoyantes. Mais, plus que ses tableaux, nous sont précieuses ses rapides esquisses, ses petites ébauches, où son pinceau a noté avec une vivacité admirable les formes remuantes et fuyantes qui s'interposaient entre son œil et l'horizon. Largement représenté au Musée de l'Impressionnisme à Paris, aux Musées du Havre et de Honfleur, Boudin a légué au Cabinet des Dessins plus de six mille croquis, pastels et aquarelles.

CAFÉ GUERBOIS. Situé au 9 avenue de Clichy, le Café Guerbois vit la création d'un cénacle qui, dès 1866 et surtout en 1868 et 1869, fut fréquenté tous les vendredis par Manet et, autour de lui, les écrivains et critiques d'art Zola, Duranty, Théodore Duret, les peintres Bazille, Degas, Renoir, Pissarro, Monet, Sisley, Guys, Stevens, le sculpteur Zacharie Astruc, le graveur Bracquemond et Nadar le photographe. Cézanne y faisait des apparitions brèves mais remarquées.

BAZILLE. RÉUNION DE FAMILLE. 1867.
MUSÉE DE L'IMPRESSIONNISME, PARIS

BAZILLE.
PORTRAIT DE RENOIR.
1867.
MUSÉE DE
L'IMPRESSIONNISME, PARIS

24

BOUDIN. LE BASSIN DU COMMERCE AU HAVRE. MUSÉE DU HAVRE

BOUDIN. CRINOLINES SUR LA PLAGE DE TROUVILLE. 1869.
COLLECTION PRIVÉE, PARIS

Caillebotte

MANET.
LE BON BOCK.
(LE GRAVEUR BELLOT
AU CAFÉ GUERBOIS).
1873.
CAROLL S. TYSON
COLLECTION,
MUSEUM OF ART,
PHILADELPHIE

C'est au Café Guerbois que s'établirent dans l'enthousiasme les premières assises du mouvement impressionniste. On était pour ou contre le " plein air ". Autre sujet qui revenait souvent : l'art d'Extrême-Orient qu'on avait pu étudier à l'Exposition Universelle de 1867, et en particulier les estampes japonaises. Après la guerre de 1870, les réunions reprirent comme auparavant. Manet en était toujours le centre : c'est d'ailleurs au Café Guerbois qu'il rencontra le graveur Belot, dont il devait s'inspirer pour *le Bon Bock*. Clemenceau y nouera une solide amitié avec Monet. Les fréquentations assidues du Café Guerbois finiront aux alentours de 1876, quand les artistes l'abandonneront pour accorder leur clientèle à la Nouvelle Athènes.

CAILLEBOTTE Gustave (1848 - 1894). Né à Paris, mort à Gennevilliers. Il est surtout connu pour avoir été l'ami et l'un des principaux mécènes des Impressionnistes. Cependant li fut aussi un peintre qui laisse une œuvre sans doute mineure, mais où s'affirme un talent délicat. Il participa à cinq des expositions du groupe impressionniste, de 1876 à 1882. Si ses portraits comme ses paysages se ressentent de l'influence de Degas, il se montre par contre plus personnel dans ses vues de Paris ou ses scènes de la vie ouvrière. Ayant légué par testament sa collection à l'État, celle-ci, qui était considérable et qui ne comprenait pas moins de soixante-cinq œuvres impressionnistes, fut refusée, à l'instigation des membres de l'Institut. Après trois années de négociations, et à la suite de campagnes de presse, une partie seulement (trente-huit tableaux) en fut acceptée. Il fallut encore attendre 1928 pour que ces œuvres pussent faire leur entrée solennelle au Louvre. Parmi elles, se trouvaient entre autres *la Balançoire* et *le Moulin de la Galette* de Renoir, *les Toits rouges* de Pissarro.

CASSATT Mary (1845 - 1926). Née à Pittsburgh, États-Unis, morte au Mesnil-Théribus, Oise. Peintre américain. Descendante d'une famille française émigrée au XVIIe siècle en Amérique, elle vint, en 1872, s'établir définitivement à Paris. Élevée dans le culte de la pensée et de l'art français, la jeune et riche Américaine visite les grands musées de France et d'Europe, interrogeant les chefs-d'œuvre et s'assimilant leurs leçons. Elle expose au Salon de 1874. Remarquée par Degas, elle en recevra conseils et encouragements. C'est le célèbre artiste qui l'introduisit dans le milieu des Impressionnistes, dont elle contribua à assurer le prestige aux États-Unis. Comme Manet se profile à travers l'œuvre de Berthe Morisot, Degas transparaît à travers les portraits de mères et d'enfants peints par Mary Cassatt avec une délicatesse, une distinction, une adresse remarquables, mais aussi avec quelque préciosité. La meilleure part de son œuvre est peut-être à chercher dans ses dessins et surtout ses gravures, dont elle sut tirer, prenant exemple sur les maîtres japonais, de remarquables effets.

CÉZANNE Paul (1839 - 1906). Né et mort à Aix-en-Provence. Après de solides études au collège d'Aix où il a pour condisciple et ami Émile Zola, Paul passe avec succès les épreuves du baccalauréat ès lettres et, selon la volonté de son père, s'inscrit à la Faculté de Droit. Il n'en continue pas moins de suivre les cours de l'École de dessin d'Aix, où sa vocation l'avait conduit dès 1856. Travailleur, appliqué, mais exubérant et sensible, il fut un élève assez peu doué. Il est petit, trapu, très brun, pas beau, il a un visage ingrat, le front têtu, le nez aquilin, le regard vif, le geste prompt. Il aime les baignades,

CASSATT.
LA TOILETTE.
ESTAMPE.
1891

CÉZANNE.
AUTOPORTRAIT.
1880.
KUNSTMUSEUM,
BERNE

28

CÉZANNE. LE VASE BLEU. 1885-1887.
MUSÉE DE L'IMPRESSIONNISME, PARIS

la chasse, les longues randonnées à travers la campagne. Il s'adonne à la musique, tenant sa partie de piston dans un orchestre d'étudiants où Zola est flûtiste. Son père acquiert en 1859, aux environs d'Aix, le Jas de Bouffan, édifié au XVIIᵉ siècle par le marquis de Villars; c'est dans cette propriété qu'il passe les mois d'été avec sa femme, son fils et ses deux filles. Paul y installe son premier atelier. Car il a déjà décidé de son avenir : il sera peintre en dépit de son père qui lui réserve sa succession à la tête de la banque qu'il dirige. Aussi peint-il en cachette, n'accordant aux études juridiques qu'une attention modérée. Émile Zola, qui s'est établi à Paris, l'exhorte à venir l'y rejoindre. Le banquier contrarie ce projet, mais cède finalement, en avril 1861. Voici donc Paul Cézanne à Paris. Il loge dans un meublé, rue des Feuillantines, étudie à l'Académie Suisse, se lie avec Guillaumin et Pissarro, entretient avec Zola des rapports d'amitié suivis. Avec les cent vingt-cinq francs que lui envoie mensuellement son père, il pourvoit péniblement à sa subsistance. Le tumulte de la capitale ne lui convient guère, et ses premiers travaux sont loin de le contenter. Enfin, il est refusé à l'École des Beaux-Arts, avec ce motif : " Tempérament de coloriste. Par malheur, Cézanne peint avec excès. " Découragé, il revient à Aix, à la grande joie de son père, qui lui offre un emploi dans sa banque.

Mais Paul, loin de sacrifier le pinceau à la finance, dessine et peint avec ardeur. Il décore les murs du Jas de Bouffan de quatre grands panneaux, *les Quatre Saisons* (aujourd'hui au Petit Palais), sortes de parodies qu'il s'amuse à signer irrévérencieusement : " Ingres ". Il exécute son propre portrait et aussi celui de son père. En novembre 1862, il retourne à Paris. Il fréquente les Impressionnistes, sans toutefois les apprécier. Il approche Monet, Degas, Renoir, mais c'est aux œuvres de Delacroix et de Courbet que va son admiration. Aussi bien, apparaît-il très romantique dans sa peinture d'alors, qu'il appelle cyniquement " couillarde ". Elle ne plaît d'ailleurs pas plus à lui-même qu'à autrui. En vérité, rien ne lui plaît et il ne se plaît nulle part, rompant une amitié naissante, s'écartant d'un artiste célèbre qui l'avait attiré, changeant sans cesse de logis, quittant Paris par dégoût, y revenant par curiosité, se retirant à Aix et en repartant bientôt après. Est-il refusé au Salon officiel, en 1866 ? De dépit, il retourne à Aix. Il est de nouveau à Paris au cours de l'hiver 1867-1868 et, bien entendu, dans un nouveau logement. Il fait de brèves apparitions au fameux Café Guerbois, où se réunissent Manet, Renoir, Stevens, Zola, Cladel, Duranty... Il ne s'y sent pas à l'aise. Son *Grog au vin ou l'Après-midi à Naples* est refusé au Salon de 1867. La même année, il rencontre Marie-Hortense Fiquet, un jeune modèle qu'il emmènera à l'Estaque, quand il ira s'y cacher, en 1870, pour fuir l'ordre de mobilisation. La guerre terminée, il s'installe à Paris. Cézanne a trente-deux ans. Il a pratiqué jusqu'alors une peinture violente, sombre, théâtrale, où s'inscrivent ses obsessions sexuelles et ses rêves éperdus. Il exécute des paysages, des natures mortes, des portraits, — ceux de Zola, d'Achille Emperaire, de Valabrègue, — mais aussi des scènes de mort et d'orgie, des compositions funambulesques, dans une pâte épaisse, brutalement malaxée, où des bleus malades et des blancs livides balafrent des fonds lugubres. Le Tintoret, Magnasco, Crespi, Goya, Daumier, tous les grands baroques semblent présider à ces épanchements lyriques, à ces formes convulsées, à ces couleurs triviales, à tout cela où s'assouvit un tempérament excessif. *L'Enlèvement, la Tentation de saint Antoine, l'Autopsie, le Nègre Scipion, la Madeleine ou la Douleur, Une moderne Olympia* (ces deux dernières toiles au Musée de l'Impressionnisme), telles sont les œuvres que Manet condamnait en disant à l'Impressionniste Guillemet : " Comment peux-tu aimer la peinture sale ? "

En 1872, Hortense Fiquet lui donne un fils, qu'il prénomme Paul, comme lui. Il se fixe à Auvers-sur-Oise, où il vivra pendant deux années en compagnie de Pissarro et de Guillaumin, dont il écoute les conseils et subit l'influence. Sa palette s'éclaircit, sa touche gagne en précision, ses moyens se simplifient. *La Maison du pendu* au Musée de l'Impressionnisme, *la Maison du docteur Gachet*, du Kunstmuseum de Bâle, marquent ce renouvellement. Cézanne fait la connaissance de Van Gogh. Le docteur Gachet l'encourage. Des amateurs avisés lui achètent quelques toiles. De retour à Paris, il retrouve les Impressionnistes au café de la Nouvelle Athènes. Il expose avec eux, et un peu malgré eux, au premier Salon Impressionniste, chez Nadar, en 1874, Salon qui est accueilli par des sarcasmes et des quolibets. Cézanne en reçoit naturellement sa part, plus même que sa part. En revanche, le comte Doria lui achète *la Maison du pendu*

CÉZANNE. VASE DE TULIPES ET POMMES. 1890-1894.
MR. AND MRS. LEWIS L. COBURN MEMORIAL COLLECTION,
ART INSTITUTE, CHICAGO

CÉZANNE. NATURE MORTE AUX POMMES. 1890-1900.
LILLIE P. BLISS COLLECTION, MUSEUM OF MODERN ART, NEW YORK

CÉZANNE.
JEUNE HOMME AU
GILET ROUGE.
1890-1895.
COLLECTION
E. BÜHRLE,
ZURICH

et un employé de ministère, Victor Chocquet, devient son admirateur, son confident et à plusieurs reprises son modèle.

De 1874 à 1877, dans un atelier qu'il a loué 120, rue de Vaugirard, puis quai d'Anjou, il connaît une période de calme et de travail fécond. Si *le Bassin du Jas de Bouffan* de 1874 appartient encore à sa manière impressionniste, *la Mer à l'Estaque*, un tableau peint au cours de l'été de 1876, est déjà construit selon les principes d'un nouveau classicisme. Les opulentes natures mortes qui suivent, les divers portraits de *Madame Cézanne*, une série de *Baigneurs* et de *Baigneuses*, confirment cette évolution. Renonçant aux petites touches, à la division des tons, Cézanne peint par masses, accuse les volumes, recherche l'unité de composition. Son œuvre gagne en réflexion, en fermeté, en intensité plastique. Mais son caractère s'aigrit, il supporte mal la société et les vanités du monde. C'est ainsi que les refus annuellement répétés de ses toiles au Salon, les railleries des rapins de l'École des Beaux-Arts, l'incompréhension persévérante du public, accentuent son hypocondrie. Il participe à la manifestation impressionniste de la rue Le Peletier, en 1877, avec seize envois. L'accueil est tout aussi hostile qu'en 1874. Son père, qui n'a jamais approuvé sa carrière d'artiste, ni sa liaison avec Hortense Fiquet, réduit la maigre pension qu'il lui servait. Et voilà Cézanne plus que jamais enclin à s'isoler, à s'enfermer en lui-même. Il importune sa compagne de ses exigences, ses amis de ses foucades. Quelques-uns lui restent néanmoins très dévoués : entre autres, le peintre Guillemet qui, en 1882, réussit à faire admettre un tableau de Cézanne au Salon officiel. Il vivra désormais en Provence, ne la quittant plus que pour des séjours nécessaires à Paris ou pour répondre à l'invitation de Renoir à La Roche-Guyon (1885), de Victor Chocquet, à Hattenville (1886).

En 1883, il a fait connaissance avec Monticelli. Les deux artistes parcourent la Provence à pied, sac au dos, travaillant côte à côte, de préférence à Gardanne. En avril 1886, il épouse, en présence de ses parents, Hortense Fiquet, bien qu'il n'éprouve plus pour elle aucun sentiment. En octobre de la même année, son père meurt presque nonagénaire, lui laissant un héritage, considérable pour l'époque, de deux millions de francs. N'ayant plus que répugnance pour la société des hommes, il consacre ses forces et son temps à la peinture. Il a rompu avec Zola (1886).

Sa femme et sa sœur tiennent la maison et surveillent l'éducation de son fils. En 1888, il vient s'installer pour un an à Paris. Il rencontre fréquemment Van Gogh, Gauguin, Émile Bernard, bien qu'il ne les aime pas. Et il se retire définitivement à Aix, n'en partant que pour de rapides voyages à Fontainebleau, Giverny, Vichy, Paris. Avec les premières atteintes du diabète, son irascibilité s'accroît. Il se brouille avec plusieurs de ses amis, notamment avec Claude Monet, et sans raison sérieuse. Il travaille dans la fièvre, mais aussi dans le doute. Jamais cependant période de sa carrière fut aussi équilibrée et sereine que les dix années comprises entre 1885 et 1895. C'est alors qu'il peint *la Commode* (Munich), *le Vase bleu* du Musée de l'Impressionnisme, *le Mardi-Gras* (Moscou), le *Portrait de Gustave Geffroy*, les trois *Garçons au gilet rouge*, la série des *Portraits de Madame Cézanne*. Dans le même temps, il donne la série des *Joueurs de cartes* (cinq versions dont la dernière est au Musée de l'Impressionnisme) et reprend plus de dix fois le thème des *Baigneurs* et *Baigneuses*, qu'il traite à la manière d'un problème de géométrie, s'efforçant de déterminer les lois qui régissent la composition du tableau. En ce qui concerne le paysage, ses thèmes de prédilection sont alors la propriété familiale du Jas de Bouffan dont il peint à plusieurs reprises l'allée de marronniers, le village de Gardanne, le Golfe de Marseille vu de l'Estaque (une version au Musée de l'Impressionnisme), enfin *la Montagne Sainte-Victoire*, notamment celle *au grand pin*. En tout, plus de deux cent cinquante toiles. Sa persévérance, sinon son entêtement, commence à porter ses fruits. Ce n'est pas encore la gloire, mais c'est tout de même la notoriété. Une de ses œuvres figure à l'Exposition Universelle de 1889, grâce à l'intervention du fidèle Chocquet. Si trois de ses tableaux faisant partie du legs Caillebotte sont refusés par la Direction des Beaux-Arts, vingt-deux toiles signées de noms illustres le sont en même temps. Il prend bientôt sa revanche : à la vente Théodore Duret, Claude Monet achète pour huit cents francs *Route dans un village*, tandis que Vollard expose dans sa galerie, rue Laffitte, cent cinquante œuvres du maître (1895). La presse s'indigne, la foule s'ameute, les peintres officiels viennent protester à l'exposition même. Néanmoins, la réputation de Cézanne en sort grandie. Des artistes indépendants, des amateurs nouveaux lui témoignent leur sympathie. Muré dans son ombra-

CÉZANNE. L'ESTAQUE. 1882-1885.
MUSÉE DE L'IMPRESSIONNISME, PARIS

CÉZANNE. NATURE MORTE AUX OIGNONS. 1895-1900.
MUSÉE DE L'IMPRESSIONNISME, PARIS

CÉZANNE. LES JOUEURS DE CARTES. 1890-1892.
STEPHEN C. CLARK COLLECTION,
METROPOLITAN MUSEUM OF ART, NEW YORK

geuse solitude, accablé de chagrin à la mort de sa mère, son lyrisme s'exalte et son art glisse vers le baroque. Par sentiment de piété filiale, il décide de ne plus retourner au Jas de Bouffan et de le vendre, allant travailler de préférence au Château Noir. Il va pour la dernière fois à Paris, en 1899, et revient à Aix, où il vivra jusqu'à sa fin en compagnie d'une gouvernante très dévouée, Mme Brémond.

Malgré l'hostilité du public et des milieux officiels, sa renommée n'avait cessé de gagner en ampleur. Après le décès de Victor Chocquet, sept de ses toiles avaient été vendues, en 1899, dix-sept mille six cents francs. Un de ses paysages avait été acquis d'autre part par le Musée de Berlin. Il prit part à l'Exposition de la Libre Esthétique, à Bruxelles, en 1901, et au Salon des Indépendants en 1899, 1901, 1902. Une salle entière lui fut réservée au Salon d'Automne de 1904. Il expose également à ce Salon en 1905 et 1906. C'est le triomphe. Il est dès lors accepté par le public, admiré par la jeunesse, entouré de vénération et de sympathie. Des peintres, des écrivains, des poètes viennent à Aix lui apporter leurs hommages. Mais le poids de l'âge, les souffrances que lui inflige sa maladie le rendent encore plus méfiant et irritable. Il achève en 1905 ses *Grandes Baigneuses* (Musée de Philadelphie), commencées sept ans auparavant. Le 15 octobre 1906, surpris par un orage alors qu'il peignait sur le motif, il prend froid, tombe en syncope. Ramené dans une charrette à son domicile, Mme Brémond mande d'urgence sa femme et son fils, ils arrivent trop tard. Cézanne s'est éteint le 22 octobre, après avoir reçu les sacrements.

Pour bien comprendre le prodigieux bouleversement déterminé par Cézanne, puisque, après lui, la manière de voir et la manière de peindre ont radicalement changé, il faut le situer par rapport à la peinture de son temps. S'il doit à Pissarro de s'être libéré du romantisme excessif de sa jeunesse, d'avoir développé ses dons d'observation et trouvé le sens de la couleur, rien n'est plus contraire à l'idéal empiriste des Impressionnistes que son ambition. Réaliste, il l'est autant et même plus qu'eux, car il entend dépasser le réalisme, aller au-delà de la " petite sensation ", des données immédiates des sens. A force de volonté et de méditation, Cézanne retrouve la fraîcheur native et drue de la sensation, de la sensation fondamentale qu'il s'agit de signifier, de solidifier et d'éterniser dans le tableau.

Il édifie un monde dont la forme, la construction et la couleur assurent la permanence et l'universalité. Bien qu'il admire avec ferveur Poussin, Daumier, Courbet, le solitaire d'Aix ne veut pas d'une forme noyée dans le clair-obscur et le modelé. Il la dégage au contraire, la cerne, la met en valeur, en accuse la structure interne. Il donne une consistance même aux fluides, à l'air, aux brumes, aux vapeurs, aux choses les plus remuantes et les moins palpables qui sont dans l'univers. Le ciel, la mer de ses paysages ont autant de carrure et de solidité que les arbres, les rochers, les maisons. " Traiter la nature par le cylindre, la sphère, le cône... ", dira-t-il et rediront plus tard les Cubistes. Mais la réalité a trois dimensions. Comment la représenter sur la surface plane ? C'est alors qu'intervient l'organisateur. Les cubes de ses maisons, les architectures de ses arbres, les blocs de ciment que sont ses personnages, les sphères de ses fruits, il les ordonne et les combine d'une main ferme et prudente dans l'espace du tableau. Verticales et horizontales se coupent à angle droit pour donner une impression de grandeur, d'équilibre et de sérénité. Constatant que " la nature est plus en profondeur qu'en surface ", il suggère la troisième dimension en échelonnant de façon imprévue les plans, en déplaçant les angles visuels, en relevant la ligne d'horizon, comme dans l'*Estaque* du Musée de l'Impressionnisme, sans se soucier des procédés perspectifs enseignés dans les académies. Mais comment exprimer tout ensemble les choses et l'air qui les enveloppe, la forme et l'atmosphère, sans recourir au clair-obscur des peintres classiques, pas plus qu'aux molles diaprures et aux papillotants reflets des Impressionnistes ? Rejetant les conventions en usage, Cézanne fait alors une découverte qui devait avoir un si impérieux retentissement sur l'art occidental. L'ombre et la lumière n'existent plus. A tout le moins sont-elles exprimées désormais à l'aide de couleurs. Le modelé est remplacé par le ton, le clair-obscur par les rapports de couleurs. Il respecte le ton local, substitue au mélange des couleurs, au jeu des dégradés et des modulations, le ton pur et des contrastes de tons purs. " Modeler par la couleur " : cette tentative d'Antonello de Messine, reprise par les Vénitiens, est devenue une conquête définitive grâce à Cézanne, qui a ainsi inventé une lumière picturale, aussi différente de la lumière naturelle que le tableau l'est de la nature elle-même. Ce faisant, il est arrivé à une nouvelle interprétation

CÉZANNE. LES GRANDES BAIGNEUSES. 1898-1905.
WILSTACH COLLECTION, MUSEUM OF ART, PHILADELPHIE

CÉZANNE. LA MONTAGNE SAINTE-VICTOIRE VUE DES LAUVES. 1904-1906.
KUNSTHAUS, ZURICH

du volume et du dessin. La forme étant précisée avec le pinceau au fur et à mesure que l'artiste travaille, il va de soi que dessin et couleur ne sauraient être distincts. " Quand la couleur est à sa richesse, la forme est à sa plénitude ", ainsi qu'il l'a déclaré dans une phrase fameuse. Dès ce moment la division impressionniste du ton fait place à la juxtaposition de deux tons opposés, ou au voisinage d'un chaud et d'un froid. La touche devient elle-même un plan coloré, une petite masse dense et grenue, posée d'une main conduite par le raisonnement et chargée de sensualité et de saveur. Cézanne a voulu être un peintre, à l'exclusion de toute autre chose. Rien ne compte à ses yeux que la peinture. " Soyez peintre, écrivait-il à Émile Bernard, et non pas écrivain ou philosophe. " Aussi, dédaignant les sujets littéraires, les scènes de genre, les compositions allégoriques, peint-il de préférence d'humbles objets, des paysages familiers, des portraits de pauvres gens. Il ne représente pas des Baigneuses pour glorifier les splendeurs de la chair ou pour sacrifier à une mode, mais afin de rechercher de nouvelles formes et de nouveaux rythmes plastiques. Passionnément peintre, il a fait du tableau un monde concret et complet, une réalité qui a sa fin en elle-même et pour elle-même. On s'explique dès lors l'influence profonde qu'il a exercée sur les jeunes générations. Il leur apportait une méthode et une création absolue qui est le " tableau ", c'est-à-dire une architecture de tons et de formes qui n'est pas une analyse de l'instant, qui ne figure pas une anecdote ou un accident, mais qui est une réalité cohérente, indestructible, solidement établie dans la durée. Car Cézanne n'a jamais voulu trahir la nature. L'héritage des anciens, il l'a retrouvé en lui, il l'a accepté et enrichi de ses propres découvertes, il l'a agrandi jusqu'à l'extrême limite où pouvaient le mener son indomptable courage et son génie. " Refaire Poussin sur nature... Faire de l'Impressionnisme quelque chose de solide et de durable comme l'art des musées " : tel est, en résumé, son credo. Son œuvre est une leçon d'énergie. Car, par-delà cet art si robuste et si équilibré, gronde l'instinct opprimé, gémit l'homme écartelé entre son classicisme patiemment cherché et son baroquisme latent, lequel surgit parfois à l'improviste au milieu des compositions les mieux échafaudées. D'où ces tables boiteuses, ces vases de guingois, ces chaises vacillantes, ces membres roides, ce strabisme des visages, cette obliquité des attitudes, ces formes qui croulent lorsque la verticale et l'horizontale se brisent, ces prétendues gaucheries, ces déformations qui ont si longtemps alimenté les critiques hostiles.

Dans ses dix dernières années, le baroquisme envahira sa production, sans toutefois transgresser les bornes dressées par toute une vie de scrupule et d'effort. Il peint des natures mortes chancelantes sur un appui qui se dérobe, des *Montagnes Sainte-Victoire* saboulées par un feu intérieur, des arbres comme frappés par la foudre, des *Châteaux Noirs* flamboyants sous un ciel d'orage. Le Fauvisme est déjà là, presque tout entier, de même que l'Expressionnisme était dans *la Tentation de saint Antoine* de 1867 et le Cubisme dans *les Joueurs de cartes*. Lequel des maîtres de l'art moderne ne s'est tourné vers lui en un moment de doute et n'a puisé dans son exemple un stimulant salutaire ? Matisse, Derain, Vlaminck, et combien d'autres. "Nous sommes tous partis de Cézanne ", avoueront Braque, Léger, Jacques Villon, en décembre 1953, en réponse à une enquête. D'autre part, les peintres néo-classiques le revendiquent comme modèle, dans la mesure où il est resté fidèle à la tradition naturaliste. Précurseur de la peinture pure, mais encore promoteur d'une aventure intellectuelle qui se continue de nos jours, les irréalistes sont en droit de se référer à Cézanne aussi bien que les réalistes. Rien de moins calme que son cœur, rien de plus assuré que son esprit. Et c'est cet homme déchiré que le destin a choisi pour nouer les fils d'une nouvelle tradition. "Je reste le primitif de la voie que j'ai découverte ", s'est-il écrié un jour. Il y a eu certes d'autres novateurs dont peuvent se recommander les peintres d'aujourd'hui. Mais lui est l'ancêtre, les autres ne sont que des prédécesseurs.

CHOCQUET Victor. L'enthousiaste et fervent collectionneur, le bon Chocquet comme on l'appelait en son temps, naquit à Lille, aux environs de 1840. Modeste employé des Douanes, il consacra une partie importante de son maigre budget à des achats d'œuvres impressionnistes. Ses premières acquisitions furent des Delacroix et un tableau de Manet, aujourd'hui au Musée de l'Impressionnisme : *la Branche de pivoines blanches*. C'est dans la boutique du Père Tanguy, rue Clauzel, qu'il découvrit les peintres impressionnistes, alors inconnus, et leur

CÉZANNE. LA MAISON DU PENDU. 1873.
MUSÉE DE L'IMPRESSIONNISME, PARIS

RENOIR.
PORTRAIT DE CHOCQUET.
1876.
COLLECTION
OSKAR REINHART,
WINTERTHUR

44

CROSS. LE PORT DE TOULON. COLLECTION PRIVÉE, PARIS

CROSS.
LA VAGUE. VERS 1907.
COLLECTION
Mme G. SIGNAC,
PARIS

voua dès lors une admiration sans réserve. Il rencontra Renoir à l'Hôtel Drouot, le 24 mars 1875, au cours de la fameuse vente que ce dernier y avait organisée avec Monet, Sisley et Berthe Morisot. En 1876, Renoir peindra le visage doux et pensif de Chocquet, puis celui de sa femme. Le même Renoir lui fera connaître Cézanne, qui le peindra à son tour à plusieurs reprises : une première fois en 1877, une autre fois, au cours de l'été 1889, lorsqu'il s'en fut dans la propriété de Chocquet, à Hattenville, en Normandie On n'est pas peu surpris de voir que la collection de ce petit fonctionnaire comprenait, à sa mort, entre autres œuvres, 32 Cézanne, 11 Monet, 11 Renoir, 5 Manet, plus des dessins et des aquarelles. Elle sera vendue par Mme Vve Chocquet avec des bénéfices appréciables, les 3 et 4 juillet 1899. Le célèbre *Mardi-Gras* de Cézanne " fera " 4 400 francs, chiffre record pour l'époque. Théodore Duret assure que, devant les œuvres de Cézanne, Chocquet se montrait " une sorte d'apôtre ". A ce sujet, on se souviendra que si les visiteurs de l'Exposition Universelle de 1889 purent voir *la Maison du pendu*, qui appartenait alors à Chocquet, ce fut parce que ce dernier avait accepté de prêter un objet d'art pour cette manifestation, à la condition expresse que le tableau de son ami figurerait également.

CROSS Henri-Edmond (1856 - 1910). Né à Douai, mort à Saint-Clair (Var). Il s'appelait en réalité Delacroix et signa de ce nom ses premières toiles. Mais c'est sous son pseudonyme qu'il allait devenir l'un des meilleurs adeptes du Néo-Impressionnisme. Son œuvre demeura pourtant longtemps méconnue. Ses premières leçons, à Lille, d'un peintre encore obscur, Carolus-Duran, les cours qu'il suivit, dans cette ville, aux Écoles académiques de Dessin et d'Architecture, puis, à Paris, la fréquentation de l'atelier du peintre douaisien Dupont-Zipcy, les conseils, enfin, qu'il reçut de François Bonvin, firent de lui, d'abord, un peintre classique, comme en témoigne sa première toile connue, datée de 1880, un autoportrait de couleur sombre : *l'Artiste fumant*. Et pendant plusieurs années ses paysages et ses scènes anecdotiques *(Blanchisseuses en Provence)* devaient rester d'un réalisme très conventionnel. La rencontre de Seurat et de Signac en 1884, au premier Salon des Indépendants (où Cross exposera chaque année, sauf en

1885, jusqu'en 1893) marque le début d'une évolution qui, vers 1889, le conduit à éclaircir sa palette et à donner à sa vision une sensibilité plus impressionniste. Mais c'est en 1891 que cette évolution prend un tour décisif lorsqu'il va s'installer dans le midi, près de Signac, disciple de Seurat et chaleureux propagandiste de ses théories. Cross adopte alors résolument la technique néo-impressionniste. Son portrait de *Madame Cross* (Paris, Musée National d'Art Moderne), en 1891, est sa première toile pointilliste. Le peintre y pousse l'application du procédé jusqu'à former de petits points les lettres de sa signature. Il n'abandonnera plus jamais ce mode d'expression, mais il s'en servira de différentes manières. Jusque vers 1895, la rigueur de son dessin, la recherche d'un rythme très étudié, apparentent sa peinture à celle de Seurat. La coloration est sobre, souvent marquée par une dominante, bleue ou blonde. Ces toiles — *les Iles d'Or* (1891-1892), *La Chevelure* (vers 1892), *Excursion* (1894) — font comprendre la réponse qu'il apportait à une question notée dans ses *Carnets* : " Qu'est-ce que la nature ? Le désordre, le hasard, des trous. " Son but était d'opposer à ces défauts " de l'ordre et de la plénitude ". Mais, dès avant 1900, et surtout après son voyage à Venise en 1903, une liberté plus grande s'empare de son pinceau, les touches deviennent plus larges, plus mouvementées, et les couleurs plus vives. Il en sera ainsi jusqu'à sa dernière toile, *la Fillette au jardin* (1909).

DEGAS Edgar (1834 - 1917). Né et mort à Paris. Fils du banquier Auguste de Gas, par sa naissance il appartenait, comme Manet, à la grande bourgeoisie. Il avait appris son métier à l'École des Beaux-Arts dans la classe de Lamothe, élève d'Ingres, et voua toujours à ce dernier une grande admiration. Quelle que soit l'évolution de son génie, jamais il ne reniera ce passé. Sans doute est-ce ce grand respect de la création humaine, cette conscience lucide du devoir de bien faire qui est à la base de son caractère, de cette misanthropie que souvent on lui reproche et derrière laquelle il n'est pas vain de deviner une grande tendresse. L'évolution même de son œuvre explique assez bien la position très particulière que Degas occupe vis-à-vis de l'Impressionnisme. Avec ses peintures les plus anciennes, qu'il s'agisse des *Jeunes filles spartiates s'exerçant à la lutte* (1860), de *Sémiramis construisant une ville* (1861), des *Malheurs de la*

DEGAS. LA VOITURE AUX COURSES. 1870-1873. MUSEUM OF FINE ARTS, BOSTON

DEGAS. CHEVAUX DE COURSES À LONGCHAMP. 1873-1875.
MUSEUM OF FINE ARTS, BOSTON

49

ville d'Orléans, pour laquelle il fit de nombreuses études, ou même un peu plus tard du *Bureau de coton à la Nouvelle-Orléans* (1873), qu'il peignit lors de son voyage aux États-Unis, nous sommes indiscutablement devant un art extrêmement classique, au dessin serré. Ce dessin peu à peu, sans perdre sa rigueur, laissera la couleur prendre de plus en plus d'importance. Cependant, elle ne cessera de servir un réalisme qui aurait pu être sec et étroit, si le génie de Degas n'y avait apporté tout de suite une ampleur de vision et une originalité de mise en page qui, en même temps qu'elles l'éloignent définitivement de l'académisme, font que la signification de son œuvre dépasse de loin la place qu'on lui accorde dans le mouvement impressionniste.

Certes, Degas appartient à l'Impressionnisme parce qu'il a le goût de saisir le mouvement dans ce qu'il a d'instantané, parce qu'il a le souci de la représentation réelle. Sa division de la couleur n'ira jamais toutefois jusqu'à l'éparpillement mis en valeur par les paysagistes. Tandis que chez les Impressionnistes la forme tend à se dissoudre dans l'atmosphère, chez Degas elle garde sa densité. En effet, contrairement à eux, il entend résumer le monde vivant dans des limites strictement déterminées; d'ailleurs il semble n'avoir été que fort peu intéressé par le paysage. A. Vollard rapporte de Degas ce mot significatif: " L'air que l'on respire dans un tableau, ce n'est pas la même chose que l'air qu'on respire dehors. " Il ne se soucie pas de découvrir la beauté hasardeuse improvisée par la nature, il lui préfère celle qui est créée par l'homme. A la lumière du soleil, il préfère l'artifice des lumières de théâtre; il s'intéresse à la présence humaine et jamais il ne traite la silhouette de ses personnages avec une hâtive désinvolture comme le font les autres Impressionnistes. Par là, son art n'est pas un refus du classicisme exalté par Ingres, mais bien l'extension de cette formule, son enrichissement par les apports nouveaux. Toutes ces raisons qui l'opposent à ses amis ne sont pas, en fait, suffisantes pour l'exclure du mouvement impressionniste. Tout d'abord parce que Degas lui-même en a décidé autrement : il a en effet participé dès le début aux différentes expositions du groupe, en un temps où cette participation représentait une prise de position, une affirmation combative; mais surtout parce qu'il est nécessaire de comprendre que, par ses différences avec Monet, Sisley, Pissarro, il ne contredit pas la nouvelle École, mais avec Cézanne la complète. Cézanne voulut, on s'en souvient, faire de l'Impressionnisme une peinture solide comme celle des musées. Ne peut-on penser que Degas rêva, lui, de faire une peinture de musée aussi vivante, aussi actuelle que l'Impressionnisme ? Tandis que Monet, Sisley, Pissarro, Renoir cherchent le maximum des possibilités de la couleur et que Cézanne fait le même effort pour le volume, Degas, de son côté, nourrit une passion analogue, et aussi tenace, pour le dessin. " Je suis coloriste avec la ligne ", dira-t-il. En effet, il est à peine paradoxal de soutenir que, pendant longtemps, ses tableaux ne sont que des dessins coloriés. Petit à petit, cependant, on le verra découvrir des limites moins étroites à la couleur. Il y cherchera autre chose que la tonalité locale et le moyen de caractériser un volume. Dès lors, la couleur animera la surface des corps, accrochera la lumière sur le tutu vaporeux des danseuses et aboutira ainsi à l'une des plus éclatantes féeries qui aient marqué la fin du XIXᵉ siècle. Certes, ses danseuses, ses femmes à leur toilette, ne sont ni intelligentes, ni belles : elles sont banales et souvent vulgaires dans leur physique et leurs attitudes, mais Degas les dépouille à ce point de toute soumission matérielle, il sait si exactement retenir de leurs mouvements les rythmes essentiels, qu'il fait jaillir de la vulgarité ou de la banalité des gestes la beauté même. Il le fait si naturelle-

DEGAS. TROIS DANSEUSES. DESSIN

← *Ci-contre*
DEGAS.
DANSEUSE DEBOUT.
1879-1882

DEGAS.
ÉTUDE POUR LE TABLEAU
DU MUSÉE DE
L'IMPRESSIONNISME :
« RÉPÉTITION D'UN BALLET
SUR LA SCÈNE ». 1874.
COLLECTION PRIVÉE

DEGAS.
DANSEUSE AU TUTU ROSE.
VERS 1880.
COLLECTION
CHAUNCEY McCORMICK,
CHICAGO

ment et si totalement que jamais il ne donne l'impression d'avoir recours à un artifice pour transfigurer le réel et le hausser au niveau de son sentiment.

Une chose est certaine : si Degas, parti du classicisme, devait nécessairement se sentir dépaysé au milieu de ceux qui prétendaient rompre avec le passé, il fut bien plus opposé encore à ceux qui voulaient conserver à ce passé une fidélité morne et étroite. On n'insistera jamais assez sur l'hostilité profonde et l'esprit de révolte qui poussèrent l'artiste à rejeter tous les poncifs transmis par l'Académie. François Fosca a très exactement défini cet état d'esprit, quand il écrit : " Cette obstination à dire non à l'Académisme, cette recherche têtue du neuf, du non-encore essayé, elle était pour Degas un moyen plutôt qu'un but. Il voulait se débarrasser de tout ce qui est convention, banalité, lieu commun pour transcrire le vrai, sans que rien vienne s'interposer et déformer sa vision. Degas est vraiment le premier artiste où l'indifférence de tout ce qui n'est pas le vrai est portée à son comble, celui qui touche de plus près au zoologiste, au physiologiste. Il retrace une attitude humaine, ainsi qu'un médecin dépeint un cas clinique. " C'est donc l'influence de l'esthétique naturaliste qui a fait de l'artiste traditionnel qu'il était à ses débuts l'un des plus audacieux novateurs dans la transcription des spectacles de la vie moderne. En effet, alors qu'il travaillait encore à des compositions inspirées de l'antiquité où il se montre en somme un élève scrupuleux, il apporte dans les portraits de lui-même ou des membres de sa famille un acharnement à serrer toujours de plus près la vérité. Toutefois cette recherche, pour obstinée qu'elle soit, ne s'accompagne jamais d'une attitude de provocation qui ne pourrait que trahir la vérité du personnage. Derrière la simplicité naturelle du comportement, la vie brille dans le regard du modèle. Rompant avec les conventions en usage, le *Portrait de la famille Bellelli*, qu'il peignit alors qu'il était âgé seulement de vingt-six ans, comporte une véritable mise en scène qui dut quelque peu surprendre les contemporains, Degas ayant représenté M. Bellelli de dos, assis dans son fauteuil, disposition bien peu conforme aux habitudes. On remarquera dans les toiles de cette époque, fussent-elles les plus traditionnelles, une certaine manière de refuser les formes statiques, de chercher au contraire leur explosion par une succession de gestes aussi

imprévus que dans un instantané photographique, qui sera le
signe distinctif de toute son œuvre. A cet égard, quoi de plus
significatif que le *Bureau de coton à la Nouvelle-Orléans* qui,
en 1873, est déjà une synthèse de tout son art depuis quelques
années : audace dans la mise en page du sujet, premiers plans
très importants, dessin scrupuleusement exact et vivant, perspective très affirmée encore qu'un peu conventionnelle. Sans
doute est-ce ce même besoin de représenter la vie qui l'amène
aussi à regarder et à peindre ses personnages pendant leur travail,
pour les surprendre dans leur vérité familière, telles les repasseuses, les modistes (1880-1884). Mais depuis plusieurs années
déjà, les danseuses lui avaient révélé les ressources du corps
humain, lui avaient montré ce qu'un artiste soucieux de dessin
pouvait trouver de suggestions dans l'acte quotidien. Qu'aujour-
d'hui le nom de Degas évoque, pour les moins avertis, des
danseuses en tutu, s'essayant à faire des pointes, rattachant le
lacet d'un chausson, évoluant sur la scène dans d'étranges
perspectives, avec d'étonnants raccourcis, ce n'est que justice.
Ces danseuses ne représentent-elles pas l'apport décisif de Degas
au mouvement impressionniste, sa part d'imprévu ? Ne sont-
elles pas le mouvement surpris, immobilisé au maximum de
cette réalité en perpétuel changement qui fut la hantise des
artistes de cette époque ? Toutefois, tandis que l'instant retenu
par les Impressionnistes se limite volontairement à lui-même
et s'isole dans le temps, — il est l'instant de la lumière, — l'instant
de Degas est celui du mouvement : conséquence du mouvement
précédent, il prépare déjà le suivant, il laisse deviner le passé
et le futur, il reste lié aux deux. D'ailleurs la réalité vue par
Degas lui est très particulière : soucieux d'exprimer le maximum
de vie, il choisira du réel les aspects jamais observés auparavant,
à seule fin que la vérité s'en dégage avec d'autant plus de force.
Ses nus (femmes à leur toilette) trahiront des attitudes peu
naturelles, les membres étant crispés dans un geste difficile.
Pour les mêmes raisons, il demandera à la lumière des effets qui
sont le contraire des éclairages normaux; il recherchera l'éclairage des rampes de théâtre qui monte du sol, inverse les ombres,
transforme les visages et donne au geste un relief inaccoutumé.
Lorsqu'il voudra dépasser ce stade dans l'expression du mouvement, Degas abordera la sculpture : ses chevaux, ses danseuses
deviendront une arabesque réelle dans l'espace, et l'analogie du

DEGAS. LA COIFFURE. 1892-1895. NATIONAL GALLERY, LONDRES

DEGAS.
LES REPASSEUSES.
VERS 1884.
MUSÉE DE
L'IMPRESSIONNISME,
PARIS

DEGAS. FEMME À SA TOILETTE. 1892.
COLLECTION RUDOLF STAECHELIN, KUNSTMUSEUM, BÂLE

DEGAS.
DANSEUSES.
1899.
MUSEUM OF ART,
TOLEDO (OHIO)

57

geste entre la danseuse et le cheval, la même façon de tendre nerveusement la jambe, révéleront une observation implacable et volontaire.

Si donc Degas appartient à l'Impressionnisme, c'est moins par sa technique que par une disposition de son esprit, par le refus très net d'un monde conventionnel. L'école lui a appris une technique, le spectacle de la réalité lui a donné le sens de la vie. Et de ce point de vue, il semble que Degas ait deviné les possibilités du monde moderne, bien au-delà de ce que firent ses amis. Ses vues plongeantes, sa façon de décentrer dans un portrait le personnage principal, de donner au premier plan une importance inattendue par rapport au sujet général, de porter l'accent sur un détail accessoire et inerte pour faire valoir par opposition l'expression vivante d'un visage, toutes ces inventions répondent à la vision que nous propose aujourd'hui l'objectif cinématographique. Il est vrai que l'artiste était lui-même un remarquable photographe, comme le prouvent nombre de clichés qui sont parvenus jusqu'à nous. Pourtant, ces nouvelles possibilités ne l'intéressent que dans la mesure où elles lui servent à mettre l'accent sur le fait quotidien, sur le spectacle que l'on avait fini par croire banal à force de le trop voir et de ne plus le regarder. On comprendra dès lors que celui qui n'eut d'autre passion que de saisir le vrai dans ce qu'il a de moins fugitif, se soit toujours refusé à peindre d'après nature. Cette vérité banale qu'il veut servir, il est nécessaire qu'il la réinvente, qu'il la repense dans son atelier. Nous retrouvons, ici, la distinction qu'à son propos il convient de faire entre l'instantané et le provisoire : à l'atelier il n'est pas harcelé par le temps qui passe comme l'est l'artiste qui travaille directement d'après nature, donc le provisoire ne retient pas son attention ; par contre, il conserve dans sa mémoire, dans ses carnets de notes, l'essence de ce que fut un instant. Au moment où certains peintres proclament leur désir de montrer leurs impressions fugitives, Degas répond par des chefs-d'œuvre où le sentiment de la vie est donné grâce à une profonde et patiente observation. Au point de vue technique, il apporte la même somme de recherches, et son sens classique, loin de le limiter, l'incite, là aussi, à rechercher cette maîtrise du métier qui fut celle des maîtres d'autrefois. S'il a employé les procédés les plus divers, peignant à la colle, à l'œuf, à la gouache, à l'essence, c'est surtout

dans le pastel qu'il a trouvé le procédé lui convenant le mieux;
il lui arrive d'employer simultanément divers moyens, ou
encore de superposer les couches de pastel après avoir successivement fixé chaque couche en vue d'obtenir, comme dans la
peinture à l'huile, un jeu de transparences entre les hachures.
Vers la fin de sa vie, sa vue baissant, il adoptera de préférence
le fusain, multipliant les charbonnages sommaires et nerveux,
les rehaussant souvent de pastel. Degas est aussi indispensable
à l'histoire de l'Impressionnisme que Renoir, Monet et Cézanne.
Même si son œuvre eut moins de conséquences que celle de ce
dernier, elle recèle encore assez de mystères pour pouvoir être
redécouverte selon des raisons que nous ne soupçonnons pas
et qui seront peut-être éloignées de celles que nous donnons
aujourd'hui à notre admiration.

DURAND-RUEL Paul (1831 - 1922). L'action des grands
marchands de tableaux sur le développement de la peinture
aux XIXᵉ et XXᵉ siècles aura été prépondérante du fait qu'à son
origine elle aura été marquée, le plus souvent, par des enthou-
siasmes désintéressés.

Ami de Corot, Millet, Th. Rousseau, Daubigny et Boudin,
Paul Durand-Ruel les soutient moralement et matériellement.
Dans sa galerie du 1, rue de la Paix, qu'il transporte en 1867 au
16, rue Laffitte, il expose leurs œuvres et les vend, parfois à
regret. Mais le plus héroïque de son action s'exercera vers 1870
en faveur des Impressionnistes. En 1871, réfugié à Londres,
il y fera la connaissance de Monet et Pissarro. De retour à
Paris en 1872, il achètera à Manet 23 de ses toiles pour la somme
de 35 000 francs. Pendant plus de dix ans, Durand-Ruel
s'acharnera à diffuser les œuvres impressionnistes dont personne
ne voulait et que tout le monde réprouvait. Manet, Renoir,
Monet, Sisley, Cézanne, Degas, Pissarro deviendront ses amis,
et la correspondance qu'il entretient avec chacun d'eux contient
nombre de lettres pathétiques ou angoissées. Il fait même figure
de philanthrope et n'échappe de justesse à la faillite que lorsqu'il
décide, en 1886, l'Amérique à s'intéresser à la nouvelle École.
Dans l'histoire de l'Impressionnisme son nom reste particulièrement attaché à la seconde exposition du groupe qu'il organise
dans ses locaux au 11 de la rue Le Peletier, en 1876, pour
protester contre la stupide carence du Salon officiel qui refuse

RENOIR.
PORTRAIT DE
PAUL DURAND-RUEL.
1910.
COLLECTION PRIVÉE

DEGAS. PORTRAIT DE DURANTY. 1879.
METROPOLITAN MUSEUM OF ART, NEW YORK

MANET. PORTRAIT DE THÉODORE DURET. 1868.
MUSÉE DES BEAUX-ARTS DE LA VILLE DE PARIS

d'en accueillir les membres. C'est à propos de cette exposition, qui rencontra la plus violente des hostilités, que Duranty publie son livre en faveur de *la Nouvelle peinture*. Devant le refus des amateurs français, Durand-Ruel se verra obligé d'étendre son action à l'étranger : il fonde des succursales à Londres, Bruxelles, Vienne et finalement à New York en 1887. Renoir a laissé de lui un admirable portrait, daté de 1910.

DURANTY Louis Edmond (1833 - 1880). Le romancier de *la Cause du beau Guillaume* (1882) aura été l'un des plus ardents défenseurs de l'Impressionnisme, dès ses débuts. Il publiera des articles enflammés à *la Gazette des Beaux-Arts*, où il rattachera les Impressionnistes aux Vénitiens ou à Constable. En 1876, il publiera son livre : *la Nouvelle peinture, à propos du groupe d'artistes qui expose dans les galeries Durand-Ruel*. S'en prenant à l'École des Beaux-Arts, qui inspire aux jeunes élèves " un étrange système de peinture, bordé au sud par l'Algérie, à l'est par la mythologie, à l'ouest par l'histoire, au nord par l'archéologie ", il y salue les œuvres de l'école impressionniste, toutes inspirées, dit-il, des choses de notre époque. Après avoir rendu hommage à Courbet, Corot, Boudin et surtout Manet, en qui il voit les initiateurs de la nouvelle peinture, il exalte la grande œuvre commencée par Monet, Degas, Renoir, Pissarro, Sisley et Berthe Morisot. Ami des peintres et des écrivains, Duranty sera représenté par Fantin-Latour dans son *Hommage à Delacroix*, en compagnie de Manet et Baudelaire; Degas a fait de lui un portrait à la détrempe, demeuré célèbre.

DURET Théodore (1838 - 1927). Écrivain et critique d'art, il fut l'un des premiers défenseurs de l'Impressionnisme. Toutefois il avait publié en 1867 un ouvrage : *les Peintres français*, dans lequel il accusait Manet " de peindre avant de savoir suffisamment manier le pinceau ". Les choses s'arrangeront vite, puisque l'année suivante Manet fera son portrait (Petit Palais). Duret jugera d'ailleurs assez sévèrement encore Sisley et Monet, leur reprochant de " friser le dilettantisme ". Pissarro s'efforcera d'éviter une rupture et Duret reviendra bientôt de ses premières opinions. Après avoir généreusement aidé Renoir, il devient son ami et l'un de ses plus chaleureux défenseurs. En 1878 paraît son ouvrage *les Peintres impressionnistes*, qui comprend les monographies de Monet, Sisley, Pissarro, Renoir et Berthe Morisot, Manet y étant présenté comme l'initiateur du mouvement. Dans la réédition qui en sera faite en 1906, l'auteur ajoutera les noms de Cézanne et Guillaumin. Le catalogue *Manet et son œuvre*, établi par ses soins, ne sera publié qu'en 1902. En 1912, Vuillard composera du célèbre critique un portrait de sa meilleure manière.

FÉNÉON Félix (1861 - 1944). Son nom demeure étroitement attaché au Néo-Impressionnisme. Dès 1884, année où il devient rédacteur en chef de *la Revue Indépendante*, il défend, à peu près seul, les peintres qui viennent de fonder avec Seurat le Salon des Indépendants. Puis il publie une manière de pamphlet appelé à un grand retentissement : *les Impressionnistes en 1886*, où il expose essentiellement les théories du Néo-Impression-nisme. Il collabore aussi à la revue symboliste *Vogue*, mais c'est surtout dans *l'Art moderne*, périodique belge dont il est le correspondant à Paris, qu'il publiera de 1886 à 1890 quelques-uns de ses articles les plus importants. Par la suite, il devient l'un des attitrés de *la Revue blanche*, lancée par les frères Natanson en 1891. Il organise d'ailleurs en 1900, dans les locaux mêmes de la revue, une rétrospective Seurat demeurée célèbre. Enfin, il travaille longtemps au catalogue de l'œuvre de Seurat, dont il a fait l'inventaire, à la mort de l'artiste, en compagnie de Luce et de Signac.

Son attachement ne va pas seulement à ces maîtres, mais aussi à Bonnard qu'il connut en 1891, à Vuillard, au Nabis en général, enfin à Toulouse-Lautrec qui, en 1895, fera figurer sa curieuse silhouette dans *la Danse de la Goulue et des almées* que l'artiste a exécutée pour la baraque de la danseuse à la Foire du Trône.

L'accent persuasif des écrits de Fénéon, leur séduisante tournure marquent dans la peinture l'avènement d'un goût de la logique qui, loin de verser dans la sécheresse, se pare au contraire d'une sorte de lyrisme d'inspiration toute classique. L'enjouement spirituel de Fénéon tendait à déborder singuliè-rement les données de l'observation et de l'expérience. Ses dernières activités s'exercèrent à la galerie Bernheim-Jeune, dont il devint le directeur artistique dès la fin de la guerre de 1914. Fénéon, qui avait survécu plus de cinquante ans à son

TOULOUSE-LAUTREC.
PORTRAIT DE FÉNÉON.
DÉTAIL DU PANNEAU POUR
LA BARAQUE DE LA GOULUE.
1895.
MUSÉE DE
L'IMPRESSIONNISME,
PARIS

SIGNAC. PORTRAIT DE FÉLIX FÉNÉON. 1890.
COLLECTION JOSHUA LOGAN, NEW YORK

VAN GOGH.
PORTRAIT DU Dr GACHET.
JUIN 1890.
MUSÉE DE
L'IMPRESSIONNISME, PARIS

Dr GACHET.
VAN GOGH SUR
SON LIT DE MORT.
DESSIN. 1890.
MUSÉE DE
L'IMPRESSIONNISME,
PARIS

65

ami Seurat, aura eu l'enviable avantage de voir son nom étroitement associé à celui d'un maître dont l'importance n'a fait que grandir.

Le peintre belge Théo van Rysselberghe nous a laissé de lui un portrait dans son tableau intitulé *Réunion littéraire*, mais on retiendra comme infiniment plus significative la toile de Signac dont le titre est à lui seul une sorte de manifeste : *Sur l'émail d'un fond rythmique de mesures et d'angles, de tons et de teintes, portrait de M. Félix Fénéon en 1890.*

GACHET Docteur Paul (1828 - 1909). Né à Lille, mort à Auvers. Amateur éclairé, peintre et graveur à ses heures, le Dr Gachet fut l'ami des plus grands peintres de son temps, qu'il recevait dans sa maison d'Auvers-sur-Oise. Outre Cézanne et Van Gogh, Pissarro, Renoir, Monet, Guillaumin en furent plus ou moins les visiteurs assidus ; Cézanne demeurera même deux années à Auvers (1873-1874) et c'est là notamment qu'il exécutera en quelques heures une tumultueuse réplique de la *Moderne Olympia* cependant que, par contraste, il peindra la célèbre *Maison du pendu.*

En 1878, Renoir conduit chez le docteur l'un de ses jeunes modèles, la petite Marie, qui est tuberculeuse. Très gravement atteinte, elle meurt malgré les soins de Gachet. Pour le remercier, Renoir offrira au docteur l'un des portraits qu'il fit de la jeune fille. Quant aux relations du Dr Gachet avec Van Gogh, elles atteindront les limites d'une intimité plus étroite encore. Dès sa sortie de l'asile d'aliénés de Saint-Rémy, le 16 mai 1890, Vincent, sur les conseils de Pissarro, vient consulter le docteur qu'il sait être le médecin des artistes et aussi leur bienfaiteur. L'amitié entre les deux hommes sera courte, deux mois, et tragique puisqu'elle se terminera, le 27 juillet, par le suicide du peintre. Pourtant, avec les prévenances et les précautions les plus adroites, le Dr Gachet avait tenté de persuader Vincent qu'il n'était pas aussi malade qu'il le croyait : il lui donnera une confiance relative en ses facultés, tout en subissant avec résignation ses rebuffades et ses violences. Cependant, dans les moments où ses crises s'atténuaient, Vincent se montrait d'une attendrissante affection envers le docteur et sa femme. En juin, il exécutera une toile représentant *Mademoiselle Gachet au piano* et surtout le célèbre portrait du docteur, sur fond bleu, coiffé de sa fameuse casquette blanche. Enfin, lorsque dans la soirée du 27 juillet Van Gogh se tire un coup de revolver dans la région du cœur, le Dr Gachet le soigne avec un espoir si affectueux que, pendant deux jours, il espère le sauver. De l'artiste sur son lit de mort, Gachet nous a laissé deux bouleversants témoignages : un fusain et une eau-forte.

De l'importante collection du Dr Gachet, qui fut donnée au Louvre par son fils Paul, on retiendra des pièces comme le *Portrait de modèle* de Renoir, *les Chrysanthèmes* de Monet, *Une moderne Olympia* et *la Maison du Dr Gachet* de Cézanne, *la Route de Louveciennes* de Pissarro, *le Canal Saint-Martin* de Sisley, enfin le *Portrait du docteur*, *l'Église d'Auvers* et *l'Autoportrait* sur fond turquoise de Van Gogh.

GAUGUIN Paul (1848 - 1903). Né à Paris, mort à Atuana, La Dominique, îles Marquises. Sa naissance, son mariage, sa vocation tardive de peintre sont si importants pour la compréhension de Gauguin et de son œuvre qu'il est indispensable d'insister sur ces trois événements. Paul Gauguin est né rue Notre-Dame-de-Lorette, à Paris, de Clovis Gauguin, un journaliste républicain, et d'Aline Chazal, fille d'un peintre-lithographe, André Chazal, et de Flora Tristan Moscoso, militante saint-simonienne et femme de lettres excentrique. C'est par cette Flora Tristan que Paul se rattachait aux Borgia d'Aragon, qui avaient donné plusieurs vice-rois au Pérou. Aussi, est-ce tout naturellement au Pérou que songea Clovis Gauguin, lorsque le coup d'État de Louis-Napoléon l'obligea, en 1851, à s'expatrier. Il mourut pendant la traversée. Privée de son chef, la famille poursuivit cependant sa route et s'établit à Lima, chez l'oncle de l'extravagante Flora. Aline Gauguin fut une mère aimante, simple et douce. Gauguin en a pieusement exécuté le portrait, en 1892, d'après une photographie et ses propres souvenirs. Après avoir passé quatre années au Pérou, elle revient en France avec ses enfants. Paul avait sept ans. Aline Gauguin est recueillie à Orléans par Isidore Gauguin, son beau-frère. Le petit Paul fait ses classes dans une institution religieuse de la ville. Puis il s'engage dans les équipages de la Flotte, visite Rio de Janeiro, Bahia, la Suède, le Danemark. Sa mère étant décédée, il renonce à la mer et entre, en avril 1871, chez un agent de change parisien. Il y restera douze ans. Employé

GAUGUIN.
PORTRAIT DE
MADELEINE BERNARD.
1888.
MUSÉE DE GRENOBLE

GAUGUIN.
LE CHRIST JAUNE.
1889.
ALBRIGHT-KNOX
ART GALLERY,
BUFFALO

GAUGUIN. LA VISION APRÈS LE SERMON. 1888.
NATIONAL GALLERY OF SCOTLAND, ÉDIMBOURG

GAUGUIN. OTAHI (SOLITUDE). 1893. COLLECTION PRIVÉE, PARIS

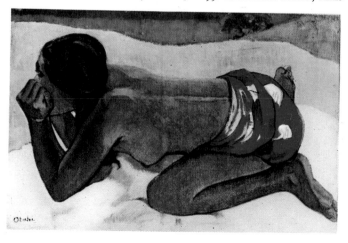

intelligent, ponctuel, méthodique, sérieux, il accède bientôt à une situation enviable dans sa banque. Il épouse enfin une teune et jolie Danoise, Mette Sophie Gad. Il est évident que Mette, femme saine, pratique, pondérée, non sans esprit d'ailleurs, croyait bien lier sa vie à une homme distingué, assuré d'un brillant avenir et capable de lui apporter le bonheur et la sécurité. Elle aspirait par-dessus tout aux joies paisibles du foyer et à l'éducation morale de leurs cinq enfants. Qui aurait pu prévoir que son mari allait détruire ses illusions et décevoir sa confiance ? Qui se serait douté que cet homme fier, rangé, laborieux, estimé de son patron, de mœurs irréprochables, n'était en somme qu'une personnalité d'emprunt ? Que le vrai Gauguin était tout autre et que ce mariage reposait sur un malentendu ? Paul s'était lié d'amitié avec Émile Schuffenecker, employé de banque comme lui, et peintre à ses heures de loisir. C'est Schuffenecker qui initia Gauguin à la peinture (1874). Sa période d'apprentissage, de tâtonnements fut brève et il participe aux expositions impressionnistes de 1880, 1881 et 1882. Enfin, Gauguin démissionne de sa banque en janvier 1883 pour se consacrer exclusivement à la peinture. Mette s'inquiète, prend peur. Incapable de comprendre son époux, elle ne cessera dorénavant d'épancher son ressentiment et son humiliation en reproches et en plaintes acrimonieuses. Voilà donc Paul Gauguin libre de peindre, mais voué à une incurable misère. Mette se réfugie avec ses enfants auprès de sa famille, à Copenhague. Gauguin, qui l'a accompagnée, se sent aussi étranger chez les Danois qu'il devait plus tard se sentir à l'aise parmi les Polynésiens. Il s'empresse de regagner Paris avec Clovis, son fils préféré (1885). Alors, commence une des plus douloureuses périodes de son existence. Sans argent, sans espoir d'en gagner ou de le conserver, il ne peut même pas nourrir le petit Clovis. Mais la passion de la peinture le soutient et l'exalte. Il est convaincu de son pouvoir, de sa mission, de son génie. En juin 1886, il s'installe pour plusieurs mois dans un charmant village du Finistère : Pont-Aven, à la pension Gloanec. Cependant, la Bretagne ne lui procure pas tout le stimulant qu'il escomptait. Un an après, il s'embarque, avec son ami Charles Laval, pour Panama. Une épidémie de typhus l'en éloigne. Il se rend à la Martinique où il a la révélation qu'il avait si ardemment attendue : une végétation exubérante, un ciel toujours clément, une nature prodigue, une existence simple et heureuse. Faute d'argent, il doit s'arracher à cet Éden tropical et rentrer en France (décembre 1887).

Gauguin avait alors quarante ans. Son visage nous est bien connu grâce aux nombreux portraits qu'il a exécutés d'après lui-même. Inoubliable visage : ce front étroit et buté, ces yeux bleus et profonds, ce nez très busqué, ce menton volontaire, cette épaisse encolure donnent un sentiment de puissance lourde et hautaine. Une forte personnalité, irritante et attachante, où le rustre cohabitait avec le grand seigneur. Au fond, un être généreux et bon, malgré l'infamante légende, légende créée et entretenue par les lettres que sa femme écrivait avec rancune aux amis qu'elle avait laissés en France. Car ce mari dont elle flétrit "l'égoïsme monstrueux", ce père dénaturé, n'a jamais cessé d'aimer sa femme et de souffrir de l'éloignement de ses enfants. Il faut lire les lettres de Gauguin pour mesurer ses véritables sentiments, humilité, tendresse, pudeur. Ses "excentricités", ses "folies" furent-elles autre chose que des décisions parfaitement logiques et délibérées pour accomplir jusqu'au bout son œuvre ? Aucune n'a été prise gratuitement, pour se singulariser. Il se croyait persécuté, a-t-on dit encore. Mais sa vie n'a-t-elle pas été en réalité une longue persécution ? Sa femme, ses confrères, ses marchands, les fonctionnaires coloniaux, la société tout entière semblent avoir conspiré pour causer sa perte, pour tuer l'homme à défaut de l'artiste. Il a accepté, sans toutefois s'y résigner, d'apparaître aux yeux de ses contemporains malveillants comme un vagabond, un réfractaire cynique. L'histoire de sa déchéance est aussi celle de ses conquêtes artistiques.

Pourquoi ces divers séjours en Bretagne, à Panama, à la Martinique ? Son ami Daniel de Monfreid nous en fournit la raison : " Il allait chercher dans ce qu'il croyait un pays aux mœurs archaïques une ambiance, une atmosphère différente de nos milieux civilisés à outrance. " Il trouva aux Antilles précisément la réponse à son anxieuse interrogation, un décor paradisiaque, la netteté des lignes, les effets de masse, les durs contrastes de couleurs. Gauguin rompt avec l'Impressionnisme qui avait jusqu'alors influencé sa peinture (1887). A peine revenu en France, il condamne la fiction naturaliste propre à Monet et à Pissarro. Il formule et enseigne la " Synthèse ". Peut-être

GAUGUIN. CAVALIERS SUR LA PLAGE. 1902. FOLKWANG MUSEUM, ESSEN

GAUGUIN.
TAHITIENNES SUR
LA PLAGE.
1891-1892.
COLLECTION
ROBERT LEHMAN,
NEW YORK

73

les principes esthétiques désignés sous ce nom lui furent-ils inspirés par Émile Bernard, comme l'a prétendu celui-ci. N'importe, car c'est bien Gauguin qui a le premier énoncé la nouvelle théorie et qui l'a pratiquée avec une autorité souveraine. Formes massives et simplifiées, teintes plates, cloisonnisme, lumière sans ombres, abstraction du dessin et de la couleur, libération vis-à-vis de la nature, tels sont les principaux articles du credo que Gauguin découvre en 1888 au cours de son deuxième séjour à Pont-Aven et qu'il complétera en octobre de la même année à Arles, où Van Gogh lui révèle les Japonais, puis de nouveau en Bretagne, à Pont-Aven et au Pouldu, d'avril 1889 à novembre 1890. C'est à cette époque qu'il exécute *la Vision après le sermon* (1888) et *le Christ jaune* (1889), mais aussi qu'il s'essaie à la peinture murale, à la sculpture, à la gravure, à la céramique. Huit peintres se sont groupés alors autour de lui, constituant cette École de Pont-Aven dont il fut le chef écouté et admiré. Conduits par Sérusier, les Nabis viennent les rejoindre. Fêté à Paris par la critique indépendante, par des écrivains comme Stéphane Mallarmé et Octave Mirbeau, Gauguin aurait pu se contenter d'une aussi forte position. Or, au milieu de sa cour, il se sent de plus en plus isolé. Le 23 février 1891, il met trente tableaux aux enchères à l'Hôtel Drouot. La vente est un succès. Muni d'un important viatique, il s'embarque pour Tahiti, le 4 avril. A Papeete, il retrouve l'Europe et ses vices, ses ridicules et ses frivolités. Il s'installe à Mataïéa, dans une paillote, parmi une population pacifique et ingénue dont il partage les rites et les jeux, s'appliquant à détruire ce qui reste en lui de civilisation. Son capital dissipé, ses débiteurs ne répondant pas à ses réclamations, sans nourriture, sans vêtement, épuisé par une année de labeur acharné, il songe alors au retour. *Femmes sur la plage, la Vahiné au gardénia, Otahi, I raro te oviri* (Minneapolis), *Quand te maries-tu ?* (Bâle), *Arearea* (Musée de l'Impressionnisme), telles sont quelques-unes des nombreuses toiles qu'il a peintes durant cette période.

En avril 1893, malade, à bout de ressources, il rentre en France, où l'attendait un héritage d'une dizaine de milliers de francs que lui avait laissé Isidore Gauguin. Il connaît plusieurs mois de bonheur. Partageant son temps entre Pont-Aven, Le Pouldu et Paris, il dépense rapidement son petit avoir. Dans son atelier de la rue Vercingétorix, il donne de bruyantes soirées que président Annah la Javanaise, un singe et un perroquet. C'est bientôt la gêne. Une exposition de ses œuvres "tahitiennes" organisée chez Durand-Ruel, le 4 novembre 1893, sur l'instigation de Degas, est un fiasco. Mais si le résultat matériel est nul, sa nouvelle peinture, mystérieuse, barbare, enthousiasme Bonnard, Vuillard et tous les Nabis. Après une pénible série d'infortunes (une dernière entrevue avec sa femme à Copenhague, la fuite d'Annah qui a dévalisé son atelier), Gauguin décide de retourner en Océanie. Une seconde vente à l'Hôtel Drouot est, cette fois, désastreuse. Il s'embarque néanmoins pour Tahiti, où il arrive en juillet 1895. Il s'est installé au nord de l'île, se remettant aussitôt au travail. Et c'est la légende aujourd'hui trop connue, mais alors insolite, la légende de l'Européen dépouillant sa défroque de civilisé, seul et nu dans la splendeur de la nature, mais aussi dans le cas de Gauguin, délaissé par sa femme, par les amis qu'il a obligés, par les marchands qui spéculent sur ses œuvres, tandis que de multiples épreuves le réduisent à la misère et au désespoir. En octobre, il éprouve de violentes souffrances physiques. Quand elles s'atténuent, il travaille avec ardeur, avec frénésie. 1897 est l'année des grandes douleurs, — mort de sa fille Aline, rupture de correspondance avec Mette, séjour à l'hôpital, — mais aussi l'année des chefs-d'œuvre : *D'où venons-nous ? Que sommes-nous ? Où allons-nous ?*, du Museum of Fine Arts de Boston, *Nevermore* (Institut Courtauld, Londres). Son manuscrit, *Noa-Noa*, paraît à *la Revue blanche*. L'année suivante, après une tentative de suicide, il accepte des travaux d'écriture dans les bureaux du cadastre. En 1899, il a de sérieux démêlés avec les autorités locales. Enfin, au mois d'août 1901, il s'installe à Fatu-Iwa, à La Dominique, une des îles Marquises. Le cœur malade, le corps ravagé de syphilis, il a tout de même le courage de peindre, de dessiner, de graver, de sculpter et d'écrire. Il s'attire de méchantes affaires en défendant les indigènes contre les brimades des Blancs. Il est même condamné à trois mois de prison et mille francs d'amende. Enfin, exténué de privations, presque impotent, il meurt le 8 mai 1903, après avoir exécuté quelques-unes de ses plus belles toiles : *Contes barbares* et *Cavaliers sur la plage, Et l'or de leurs corps* (Musée de l'Impressionnisme). Par un étrange retour des choses, sa dernière œuvre est un paysage de Bretagne sous la neige.

GAUGUIN. VAHINÉ NO TE VI : FEMME À LA MANGUE. 1892.
CONE COLLECTION, MUSEUM OF ART, BALTIMORE

76

GAUGUIN. FEMMES DE TAHITI. 1891.
MUSÉE DE L'IMPRESSIONNISME, PARIS

GAUGUIN. AREAREA. 1892.
MUSÉE DE L'IMPRESSIONNISME, PARIS

77

Ce que Gauguin est allé chercher en Océanie, ce n'est pas le pittoresque, l'étrangeté, un exotisme de pacotille, heureusement absent de son œuvre, mais la pureté originelle, l'innocence, l'oubli de soi, l'homme naturel reconquis sur la civilisation factice, l'universalité et la permanence de l'art. En voulant remonter aux sources de l'inspiration, il remonte jusqu'aux sources du langage. C'est par l'immobilité de ses personnages, l'impassibilité de leurs visages, la sereine gravité des attitudes, qu'il atteint à la solennelle grandeur des arts archaïques et primitifs. C'est pourquoi il est aussi proche des peintres crétois ou égyptiens que des peintres contemporains. Créateur qui a voulu dominer par l'intelligence son aventure esthétique, il a su encore trouver les moyens appropriés à ses conceptions. C'est pour donner à ses compositions un caractère monumental et, partant, décoratif, qu'il a délibérément rejeté le modelé, les valeurs, la perspective linéaire, l'échelonnement des plans, l'accessoire, qu'il a négligé le mouvement, le relief, la sensualité de l'expression. Alors qu'on continuait d'exploiter à Paris des procédés tels que le trait écrasé, la matière épaisse, les couleurs sombres, Gauguin confère à ses formes, généralement robustes et trapues, à son chromatisme opulent, à ses paysages aux amples arabesques, la noblesse par la stabilité, la majesté par la simplification et la synthèse. Par leur paisible cadence linéaire, leurs larges aplats de tons, leur somptuosité sèche et figée, ses toiles océaniennes font naître chez celui qui les contemple le sentiment religieux de la vie, l'amer regret de l'amour et de la liberté perdus, l'effroi devant l'Inconnaissable. Gauguin a excellé dans l'art de la composition. Mieux : il a inventé une composition, aussi différente de la composition centrée et en profondeur des maîtres classiques que celle-ci l'était de la composition particulière au Moyen Age. Certes, d'autres précurseurs ont éprouvé comme lui la nécessité de revenir au premier âge du monde et de retrouver la pureté des moyens. Aucun toutefois ne s'y est plus courageusement résolu que Gauguin. "La Barbarie est pour moi un rajeunissement", a-t-il dit. Ce faisant, il a renouvelé l'art pictural et donné un sens à la peinture moderne. Si ses compagnons de Pont-Aven, si les Nabis ont subi son ascendant, les Fauves sont ses héritiers directs. C'est Gauguin encore qui a suscité le mouvement actuel de curiosité en faveur des civilisations archaïques. Ses sculptures ont préparé l'opinion en faveur des fétiches nègres et mélanésiens. Gauguin a vécu, comme Cézanne, une aventure intellectuelle, mais aussi une aventure temporelle comme Van Gogh. Parmi les grands novateurs du XIXᵉ siècle, c'est à lui que se réfèrent volontiers aujourd'hui nombre de partisans de l'art non figuratif.

GOGH Vincent van (1853 - 1890). Né à Groot-Zundert, dans le Brabant septentrional, mort à Auvers-sur-Oise. C'est en décembre 1885, à vrai dire, que le peintre est né à lui-même, qu'il commence une carrière aussi féconde que brève, puisqu'il ne lui faudra que cinq ans pour édifier une œuvre énorme. S'il n'avait pas éprouvé à ce moment-là une fulgurante révélation, on le célébrerait sans doute aujourd'hui comme le grand peintre du travail et de la misère, des ouvriers et des paysans écrasés par la fatigue, comme le premier des expressionnistes hollandais. Peintre, il le devint pour résoudre le conflit intérieur qui le déchirait, afin de prendre sa revanche, dans le domaine de l'art, des échecs qu'il venait d'essuyer dans sa vie. Il était d'une famille protestante, d'une famille de pasteurs. Mais aussi, deux de ses oncles étaient des négociants en tableaux, ce qui lui permettra de débuter comme vendeur dans une galerie, à La Haye, galerie que précisément un de ses oncles avait cédée à la maison Goupil, de Paris. Vincent est alors âgé de seize ans. Quatre ans plus tard, ses patrons l'expédient à Londres, au service de leur succursale anglaise. A Londres, il s'éprend de la fille de sa logeuse. Il demande sa main. Il est éconduit. Tempérament instable, hypernerveux, trop sincère, il ressent cruellement ce premier échec. Il quitte Londres et vient s'employer dans la maison-mère Goupil, à Paris, en 1875. Van Gogh est aussitôt emporté par le mouvement des idées dont Paris était alors le centre. Il lit tous les livres qui lui tombent sous la main, il visite les musées, il subit l'influence des romanciers humanitaires et des peintres tournés vers la souffrance des humbles. La Bible devient pour cet autodidacte, fils de pasteur, son principal stimulant. L'appel de la religion s'élève déjà en lui, si bien qu'il prend congé de Goupil, en 1876, et retourne en Angleterre où il est un moment prédicateur adjoint auprès du pasteur méthodiste d'Isleworth. Il postule un poste d'évangéliste parmi les mineurs. " Je me sens attiré vers la religion. Je veux consoler les humbles. " Sa demande est rejetée. Il se rend à

VAN GOGH. LES SOULIERS AVEC LACETS. 1866.
MUSÉE VAN GOGH, AMSTERDAM

VAN GOGH.
L'ARLÉSIENNE
(Mᵐᵉ GINOUX). 1888.
SAM A. LEWISOHN
COLLECTION,
METROPOLITAN MUSEUM
OF ART, NEW YORK

VAN GOGH. VASE DE FLEURS. 1887. COLLECTION PRIVÉE, GENÈVE

Etten, à la Noël de la même année, auprès de ses parents, avec lesquels il ne tarde pas d'entrer en conflit. Du 21 janvier au 30 avril 1877, il est commis de librairie à Dordrecht. Mais il est incapable de s'astreindre à une existence pratique et régulière. Aussi, de plus en plus travaillé par sa vocation religieuse, il se rend à Amsterdam pour y préparer l'examen d'entrée au séminaire de théologie. Après quatorze mois d'un labeur acharné, il doit y renoncer et retourne dans sa famille. Son père, exaspéré, finit par l'inscrire à l'école évangéliste de Bruxelles. En décembre 1878, sans attendre sa nomination, Vincent part pour le Borinage belge. Il entreprend de ramener au Christ les mineurs de cette région déshéritée. Il se met au niveau de leur dénuement, couche sur une planche dans une cabane de bois, partage leurs peines, soigne les malades, montre un zèle exalté d'apôtre, mais sans succès. C'était alors un rouquin dégingandé, mal vêtu, aux gestes brusques, aux yeux trop brillants. Son esprit de sacrifice étonne, son ascétisme excessif inquiète. Les hommes le poursuivent de leurs sarcasmes, les enfants le craignent, quant aux femmes!... Laquelle aurait pu aimer cet homme terrible ? Ses supérieurs se débarrassent de lui, en juillet 1879. Alors, commence pour Vincent l'une des plus sombres périodes de sa vie, des mois de pauvreté, de détresse morale, d'angoisse, de vagabondage le long des routes. Il écrit à son frère Theo, qui est à la veille d'entrer chez Goupil, à Paris, une lettre poignante, où il lui annonce sa décision de se consacrer désormais à la peinture. De fait, en octobre 1880, il est à Bruxelles, où il étudie le dessin et exécute des copies d'après Millet. D'avril à décembre 1881, il séjourne à Etten, chez ses parents. Il y éprouve une nouvelle déception sentimentale. Repoussé par sa cousine Kee, il s'éloigne et s'installe à La Haye. Son cousin, le peintre Mauve, l'accueille avec cordialité et lui donne d'utiles conseils. En janvier 1882, il rencontre dans la rue une prostituée, Christine, qui est laide, ivre et enceinte. Il la prend avec lui. A cette femme la moins digne d'amour, il va donner tout l'amour dont il est capable. L'expérience dure vingt mois, jusqu'à ce qu'il se rende compte définitivement que l'amour individuel ne lui réussit pas mieux que l'amour de l'humanité et que l'amour de Dieu. C'est dans l'art désormais qu'ira se réfugier son orgueil humilié. Avec son apostolat artistique augmentent ses infortunes. Il se querelle avec son père qui désapprouve sa carrière d'artiste. Il se brouille avec Mauve et avec Israëls, ces maîtres de l'École de La Haye dont l'enseignement lui était devenu insupportable. Finalement, en décembre 1883, il retourne au presbytère paternel, à Nuenen cette fois, et s'adonne avec courage à la peinture. Études de bruyères, de chaumières, de tisserands, de paysans, exécutées dans cette manière rude, noire et triste, attestée par des œuvres comme le Métier à tisser (1884), les Mangeurs de pommes de terre (1885, Musée Van Gogh, Amsterdam), son premier grand tableau. Les injonctions de sa race, les influences du milieu, la contagion de l'exemple, tout l'incitait à persévérer dans ce réalisme sombre et positif. Comment alors expliquer les radieux chefs-d'œuvre qui allaient suivre ? Quelle que soit la force du génie, elle ne pourrait justifier seule un changement si profond que la peinture occidentale en a été complètement remuée. Quelle révélation Vincent a-t-il donc reçue ? Quel choc a-t-il subi ?

En novembre 1885, Van Gogh était à Anvers. Son père venait de mourir. Son frère Theo, avec lequel il ne cessera de correspondre pendant cinq ans, lui envoie quelques subsides. Dans le port flamand, il découvre Rubens et la joie de vivre, mais aussi les premiers crépons japonais, dont les coloris l'enchantent. Il en achète, en décore sa chambre, passe des heures à les contempler et à les interroger. Il entrevoit une issue à ses désirs encore confus, un monde nouveau de clarté, de réconfort, d'équilibre. C'est alors qu'il décide de partir pour Paris (février 1886), où Theo le reçoit et l'héberge avec affection. Là, Vincent est ébloui par les tableaux impressionnistes. Il rencontre Pissarro, Degas, Gauguin, Signac. En juin 1886, il s'inscrit à l'atelier Cormon, où il se lie avec Toulouse-Lautrec et Émile Bernard, alors âgé de dix-huit ans et avec lequel il entretiendra une correspondance régulière. Il travaille avec acharnement. Il peint des rues de Paris, des portraits, des fleurs. Il expose chez le père Tanguy quelques toiles parmi d'autres de Monet, Guillaumin, Signac. Son frère, alors directeur de la galerie Goupil, l'encourage et le soutient. Obsédé par les estampes japonaises, il copie le Pont sous la pluie et l'Arbre d'Hiroshigé. Sa palette s'éclaircit; il emprunte même aux Impressionnistes leur technique pointilliste comme dans le Portrait du père Tanguy (1887), qui se trouve au Musée Rodin, ou dans cette Vue de la chambre de Vincent, rue Lepic (1887). Dans les tableaux

VAN GOGH. CHAMP DE BLÉ AU CYPRÈS. SAINT-RÉMY. 1889.
INSTITUT COURTAULD, LONDRES

VAN GOGH.
PORTRAIT DE
L'ARTISTE
À L'OREILLE COUPÉE.
1889.
COLLECTION
LEIGH B. BLOCK,
CHICAGO

VAN GOGH. AU BORD DES ALPILLES. 1890. RIJKSMUSEUM KRÖLLER-MÜLLER, OTTERLO

VAN GOGH.
LE PONT DE
L'ANGLOIS.
1888.
COLLECTION
WILDENSTEIN,
NEW YORK

85

de Pissarro, de Monet, de Guillaumin, il a retrouvé la légèreté de facture et la fraîcheur de tons des Japonais. Quoi qu'il en soit, l'Impressionnisme français a déterminé dans la conscience du peintre hollandais un choc décisif. Il éprouve un tel sentiment d'émulation qu'il exécute quelque deux cents tableaux durant les vingt mois de son séjour à Paris. De cette production abondante et parfois désordonnée, se détachent des scènes de plein air, telles que *Fête à Montmartre* (1886), *le Restaurant de la Sirène* (1887), *Jardinets sur la butte Montmartre* (1887), des natures mortes, dont *les Livres jaunes (Romans parisiens)*, une série enfin de 23 autoportraits, dont celui au chevalet, qui achève en quelque sorte cette période.

Mais l'hiver de 1887 lui est pénible. Le ciel gris, les rues sombres, la tristesse de la capitale lui deviennent insupportables. Les peintres parisiens ne pouvaient lui donner plus que ce qu'il leur avait pris. Le rajeunissement qu'il avait reçu de leur contact s'est déjà éteint. Il a besoin de lumière, de chaleur, pour réchauffer son âme glacée et réveiller son ardeur au travail. Sur le conseil de Toulouse-Lautrec, il part pour Arles, le 20 février 1888. Tout en Provence l'émerveille, les vergers en fleurs, les belles Arlésiennes, les zouaves de la garnison, les buveurs d'absinthe. Il s'écrie avec ravissement : " C'est l'Orient ! " Il a trente-cinq ans et se sent heureux. Avec autant de facilité que

VAN GOGH. LA CHAMBRE DE VINCENT À ARLES. DESSIN. 1888

d'enthousiasme, il dessine au roseau, il peint des toiles équilibrées, fermement " écrites ", presque sereines. Il a enfin trouvé la netteté des contours, la lumière sans ombre, la couleur pure, éclatante, crépitante, le rouge vermillon, le bleu de Prusse, le vert émeraude, le jaune sacré, emblème du Soleil. Il abandonne les oripeaux de l'Impressionnisme, renonce au divisionnisme des touches, au dessin fragmenté, aux modulations subtiles. Vigoureux, précis, incisif, son trait saisit la structure interne des objets. Il peint alors près de deux cents tableaux en quinze mois, exécutant de certains trois, quatre et même parfois cinq versions : *le Pont de l'Anglois, la Plaine de la Crau, les Tournesols, le Café de nuit, l'Arlésienne (Mme Ginoux), le Facteur Roulin*, sa femme et leur fils *Armand Roulin*. D'un bref séjour aux Saintes-Maries-de-la-Mer, Van Gogh rapportera des dessins et des toiles, notamment ses *Barques sur la plage* et deux *Marines*. Rappelons enfin l'admirable représentation qu'il a laissée de sa *Chambre à coucher à Arles* (octobre 1888), dont il fera plus tard, à Saint-Rémy, une réplique de mémoire.

Cependant, son existence matérielle est des plus précaires. Il ne mange pas à sa faim. Il ne vend rien. Il souffre d'hallucinations et de crises, dont il sort hébété. L'idée de la mort le hante. Comme s'il pressentait sa fin prochaine, il se hâte, travaille comme un forcené, dans un état d'exaltation qui le sauve du désespoir. Il a l'esprit en feu. Ses tableaux ruissellent de lumière d'or. Il est " au centre de la fusion universelle " qui transmue la matière et consume son cerveau. Les crises deviennent plus nombreuses. Il caressait le projet d'une colonie d'artistes qu'il aurait appelée " l'Atelier du Midi ", où des groupes d'hommes élaboreraient une œuvre commune. A la fin d'octobre 1888, Gauguin a répondu à son appel. Et voilà Vincent tout ragaillardi. Mais d'orageuses discussions altèrent bientôt les rapports de ces deux natures opposées. Le soir de Noël, au cours d'une querelle futile, Van Gogh jette son verre au visage de Gauguin. Le lendemain, Gauguin, qui marche dans la rue, entend un pas précipité derrière lui. Il se retourne et voit Van Gogh un rasoir à la main. Sous le regard ferme de Gauguin, Van Gogh s'arrête, puis il s'enfuit dans sa chambre, d'un coup de rasoir se tranche une oreille, l'enveloppe dans un mouchoir et va l'offrir à une pensionnaire de maison close. Deux semaines d'hôpital, et il revient peindre chez lui l'extra-

VAN GOGH. LA ROUTE. 1890. MUSÉE DES ARTS DÉCORATIFS POUCHKINE, MOSCOU

VAN GOGH.
PORTRAIT DE
L'ARTISTE.
1890.
MUSÉE DE
L'IMPRESSIONNISME,
PARIS

VAN GOGH.
L'ÉGLISE D'AUVERS.
1890.
MUSÉE DE
L'IMPRESSIONNISME,
PARIS

VAN GOGH.
CHAMP DE BLÉ
AUX CORBEAUX.
1890.
MUSÉE VAN GOGH,
AMSTERDAM

ordinaire *Homme à l'oreille coupée* (janvier 1889). Cependant ses hallucinations reprennent. Une pétition des voisins réclame son internement. Son physique ingrat, son caractère ombrageux, ses foucades, lui ont aliéné la population. Il fait peur. On le prend pour un fou, alors que nul n'a jamais analysé son mal avec plus de perspicacité, enduré l'hostilité des hommes avec autant de résignation, parlé de son art avec plus de bon sens et de lucidité! On le ramène à l'hôpital. A Paris, Theo, qui va se marier, s'inquiète et envoie auprès de son frère le peintre Signac. Celui-ci passe la journée du 24 mars avec Vincent, qui continue à peindre, à lire, à écrire, malgré ses crises. Quand il se sent trop malade, il sollicite lui-même son internement à l'asile de Saint-Rémy, le 3 mai 1889.

La période d'Arles est terminée, la plus féconde, sinon la plus originale de sa carrière. Pendant l'année qu'il passera à l'asile, il exécutera encore cent cinquante toiles et des centaines de dessins, travaillant comme un possédé, interrompu dans son labeur par trois longues crises, suivies de prostrations douloureuses. Il peint *les Blés jaunes, la Nuit étoilée, le Parc de l'hôpital* en automne, quelques portraits, dont celui du *Surveillant en chef Trabu*, mais surtout des paysages délirants, des montagnes houleuses, des soleils tournoyants, des cyprès et des oliviers tordus de chaleur. La couleur n'a plus la sonorité de l'époque précédente, les jaunes se sont cuivrés, les bleus assombris, les vermillons ont tourné au brun. En revanche, le rythme s'est exalté : tourbillonnantes arabesques, formes disloquées, perspectives fuyant vers l'horizon dans une déroute éperdue de lignes et de couleurs. Ce qu'il représente alors sur ses toiles, il semble qu'il l'ait vu à travers un vertige de l'imagination. L'incendie qu'alluma sa main se propage à son cerveau. Le sentiment de son échec l'écrase. Ses œuvres seraient-elles inférieures à celles des maîtres qu'il admire ? Cette pensée l'effraie. En février 1890, il apprend la naissance du fils de Theo, prénommé Vincent comme lui. Theo, frère généreux, si indulgent, aux dépens duquel il vit depuis trop longtemps, lui, le peintre raté, le peintre incapable de vendre une seule toile! Pourtant, le critique Aurier vient de publier dans *le Mercure de France* le premier article consacré à son œuvre. Cet hommage ne lui apporte qu'un faible réconfort. Il se sent malade, épuisé. Toujours vigilant, Theo demande au docteur Gachet de prendre

Vincent sous sa surveillance à Auvers-sur-Oise. C'est ainsi que Van Gogh part pour Paris, le 16 mai 1890, et qu'il peut bientôt s'installer à Auvers. Le docteur Gachet le soigne, lui témoigne une affectueuse amitié, lui sert de modèle. Car Vincent s'est remis à peindre. Il exécute son dernier autoportrait (Musée de l'Impressionnisme), *l'Église d'Auvers* (ibid.), *la Mairie d'Auvers, le Portrait de Mlle Ravoux*, celui du *Docteur Gachet* (Musée de l'Impressionnisme), d'autres ouvrages où le génie n'a plus à son service qu'une technique déjà brisée. Van Gogh redoute un nouvel accès de son mal. Une indicible tristesse l'envahit. Travailler quand la main se dérobe, quand l'ennemi qui est au-dedans de lui-même est dorénavant le plus fort ? A quoi bon persévérer ? Alors, ce dernier dimanche de juillet, Vincent sort discrètement de la pension Ravoux, où il logeait. Il se dirige vers ces champs de blé mûr où il avait peint quelques jours auparavant le fameux *Champ de blé aux corbeaux*. Le village est désert. Il s'arrête devant une ferme. Personne ! Il pénètre dans la cour, se cache derrière un tas de fumier et se tire une balle de pistolet dans la poitrine. Il a la force de regagner l'auberge et de monter dans sa chambre où il se couche comme une bête blessée. Il devait succomber deux jours plus tard, en présence de Theo, accouru à son chevet. Il avait trente-sept ans et quatre mois.

VAN GOGH. MAS AU BORD DE LA MER. DESSIN À L'ENCRE. 1888

Déséquilibrée, douloureuse, dramatique, telle fut, certes, sa vie. Qu'il fût affligé de névrose, d'épilepsie, c'est non moins exact. Or, cet instable, cet hypertendu, cet obsédé, en incessant conflit avec la société et avec lui-même, a construit une œuvre remarquable par la perfection concertée des fins et des moyens. Aussi fougueusement inspiré et exécuté qu'il soit, son art n'est incontestablement pas celui d'un aliéné. Vincent n'a jamais démenti un souci évident d'équilibre, d'ordre et de raison. A ses manques, il a opposé une activité compensatrice, puisant dans ses échecs même assez de vigueur pour vaincre son impuissance et se vivre dans une œuvre. Cet homme, qui aurait pu sombrer dans un chaos mental, triomphe des tendances dissolvantes par la discipline, le travail et la méditation. Au milieu de ses pires découragements, il garde l'amour de la simplicité et de l'harmonie, il cherche une conciliation de la forme et de la couleur, une transposition abstraite et cohérente du monde. Il se donne un système infaillible de principes et de règles, afin d'atteindre à l'idéal artistique entrevu dans ses moments de clairvoyance aiguë. Que voulait-il ? " Quelque chose de paisible et de plaisant, réaliste et peint pourtant avec émotion, quelque chose de bref, de synthétique, de simplifié et de concentré, plein de calme et de pure harmonie, consolant comme une musique. "

Sa sûreté de main égale celle de sa volonté. Ni tâtonnements, ni reprises, pas le moindre repentir dans ses paysages aussi bien que dans ses portraits, presque toujours entrepris directement sur la toile, à la manière des Japonais, et dont la promptitude d'exécution s'explique par l'agilité de l'esprit. " Ce n'est pas seulement en s'abandonnant à ses impulsions, écrit-il, qu'on atteint à la grandeur, mais aussi en limant patiemment le mur d'acier qui sépare ce qu'on sent de ce dont on est capable. " Van Gogh exprime ainsi le duel intérieur qui finit par épuiser ses forces. Mais il n'a pas entièrement succombé, car si l'homme a été tôt abattu, l'œuvre reste. Elle est toujours là, pressante, inquiétante, puisque la peinture contemporaine en est pour une large part issue. Van Gogh est opportunément apparu quand la fiction naturaliste jetait avec l'Impressionnisme ses dernières lueurs, à une époque où les poncifs académiques s'effondraient, où la tradition se mourait de vieillesse. Avec Cézanne et Gauguin, il a remis en question les procédés de la

VAN GOGH. FEMMES AUX CHAMPS. CRAYON NOIR. 1890

peinture et, ce faisant, il a préparé l'art du xxᵉ siècle. Il ne s'agissait pas, pour lui, d'imiter les apparences ou de flatter les goûts d'une société cultivée, mais de recréer le monde selon son intelligence et sa sensibilité propres. Alors que Cézanne s'appliquait à une nouvelle conception de l'espace et Gauguin de la composition, Van Gogh, lui, a émancipé la couleur, la portant à son maximum d'intensité et de sonorité. Sur ses toiles, la couleur renforce, le dessin accuse la forme, suscite le rythme, définit les proportions et la profondeur. Elle acquiert même une valeur de signe, s'adressant à l'âme aussi bien qu'à l'œil : " Couleur pas localement vraie, disait-il, au point de vue réaliste du trompe-l'œil, mais une couleur suggestive d'une émotion quelconque. " Il l'emploie à cru, sèche, agressive, en accords heurtés, tantôt stridente, tantôt grave, sans nuances, sans demi-teintes, avec une franchise totale. " J'ai cherché à exprimer avec le rouge et le vert les terribles passions humaines ", disait-il encore. Mais toujours il s'est gardé de sacrifier la couleur à la forme. Et l'on a bien raison aujourd'hui d'admirer ses dessins à l'égal de ses tableaux. Il en a laissé un grand nombre, qui tous surprennent par leur simplicité et leur acuité d'expression, l'assurance et la rapidité du trait, la variété des moyens graphiques dont il disposait pour transcrire sur le papier les données frémissantes de sa vision. L'artiste n'a pas eu de postérité directe, bien que son influence se soit exercée sur toute la peinture moderne, sur des Fauves comme Vlaminck, Derain, Dufy, Friesz, sur les Expressionnistes, particulièrement Soutine. Mais Van Gogh fut également un poète, un mystique, un penseur. Nul aujourd'hui n'est plus passionnément interrogé, à travers sa peinture, ses dessins, sa correspondance. Où pourrait-on, en effet, trouver exemple plus authentique d'existence ? Cet homme si noble, si bon, si sincère, oscillant entre la désagrégation mentale et l'unité intemporelle, obsède les esprits les plus divers. Car Van Gogh a vécu par avance le drame de notre temps. Ce temps qui " tantôt libère, tantôt asservit ".

GONZALÈS Éva (1849 - 1883). Née et morte à Paris. Très tôt attirée par l'art, elle fait son apprentissage avec un peintre à la mode, Chaplin. Puis elle rencontre Manet en 1869, devient son modèle et son élève et participe, dès l'année suivante, au Salon. Très influencée par son maître dont elle imitera longtemps la manière " sombre ", elle se révèle plus personnelle dans le pastel qu'elle pratique dès 1872. C'est d'ailleurs un pastel qui est accepté au Salon de 1874, *la Nichée ou la Matinée rose*, tandis que le jury refuse *la Loge aux Italiens*, peinture à l'huile sur un thème cher aux Impressionnistes. Ces deux œuvres sont aujourd'hui au Musée de l'Impressionnisme. Vers 1880, sa palette s'éclaircit et elle brosse de charmants paysages où la lumière joue sur le feuillage et sur les eaux. Éva Gonzalès, qui avait épousé en 1879 le graveur Henri Guérard, devait mourir d'une embolie à trente-quatre ans, cinq jours après la disparition de Manet.

GUILLAUMIN Armand (1841 - 1927). Né et mort à Paris. D'abord employé de commerce, puis fonctionnaire, Guillaumin fut pendant longtemps ce qu'il est convenu d'appeler un " peintre du dimanche ". Mais, lié de bonne heure au groupe des futurs Impressionnistes, il participa à la plupart de leurs manifestations et fut notamment présent à la fameuse exposition de 1874, chez Nadar. Dès 1859 on le rencontre à l'Académie Suisse, où il se lie avec Pissarro, Monet et, après 1861, avec Cézanne. Il participe avec ce dernier au Salon des Refusés de 1863. S'il est proche de ses amis par le choix de ses thèmes, vues de la

Seine (*Péniches sur la Seine à Bercy*, 1871; *Soleil couchant à Ivry*, vers 1873, Musée de l'Impressionnisme), effets de neige (*Chemin creux*, 1869), par son goût délibéré pour la peinture " sur le motif ", il s'en distingue en fait par une technique très personnelle. Sa touche est large et vigoureuse, ses tons vifs et parfois même violents : rouges, violets, verts, ce qui imprime à ses paysages une allure mouvementée et une sorte de brutale allégresse. A partir de 1891, enfin libéré de tout souci matériel, il voyage en France et à l'étranger, peignant sans relâche : vues de la Creuse, du Var, de la côte normande, mais aussi de Hollande où, en 1904, il passe deux mois dans la région de Zaandam, autant d'œuvres où s'affermit le caractère direct et objectif de sa vision : *Neige fondante dans la Creuse*, 1898 (Modern Art Foundation Oscar Ghez, Genève), *Vue de Hollande : bateaux à voiles*, 1904 (Musée de l'Impressionnisme). Bien qu'il ait également donné quelques portraits au pastel, Guillaumin demeure surtout comme un paysagiste passionné, fidèle compagnon de route des Impressionnistes mais à tel point en marge que ses recherches l'ont amené jusqu'au seuil du Fauvisme.

JONGKIND Johan Barthold (1819 - 1891). Né à Latrop, Hollande, mort à Grenoble. Peintre hollandais. Il fut découvert par Isabey, qui lui vint souvent en aide, le fit venir à Paris, en 1846, et lui révéla les côtes de la Manche. De ses voyages en Normandie, il a rapporté des œuvres où, bien avant Monet et ses amis, il a su traduire les jeux de la lumière à travers la fluidité de l'eau, l'infini du ciel, les branches et les feuilles des arbres. Et cela, avec une fraîcheur de sentiment et une dextérité de main que ses maîtres préférés, Ruysdael et Van Goyen, auraient pu lui envier. Il expose au Salon des Refusés en 1863. Entre 1865 et 1870, le succès lui vient cependant, et il entreprend plusieurs voyages dans son pays natal ainsi qu'à Bruxelles, Chartres et Nantes. Peintre de l'instant, de l'atmosphère, de la nature changeante et mouvante, Jongkind annonce l'Impressionnisme, surtout dans ses aquarelles où fait preuve d'une incomparable maîtrise (*Couchant sur la Meuse*, vers 1866, Paris, coll. G. Signac). L'art discret, clair et serein de ce novateur contraste étrangement avec le drame de sa vie. Grâce à la vigilante sollicitude d'une Hollandaise devenue sa compagne, Jongkind renonça un moment à ses funestes habitudes. En 1878, il s'installe avec elle à

JONGKIND. LA PLAGE DE SAINTE-ADRESSE. 1863.
MUSÉE DE L'IMPRESSIONNISME, PARIS

GUILLAUMIN. NEIGE FONDANTE DANS LA CREUSE. 1892.
MODERN ART FOUNDATION OSCAR GHEZ, GENÈVE

La Côte-Saint-André. C'est là que, repris par sa passion, consumé par l'alcool, il va terminer misérablement sa carrière. Conduit à l'asile d'aliénés de Grenoble, il y est mort le 9 février 1891.

MANET Édouard (1832 - 1883). Né et mort à Paris. Manet, que ses biographes mettent à l'origine de l'Impressionnisme, est l'exemple même des destins inéluctables. Est-il l'aboutissement de plusieurs siècles au cours desquels s'affrontent et s'accordent les principes classiques et les notions de liberté, pour créer et renouveler constamment la tradition ? Est-il à l'origine du grand mouvement que va inaugurer l'Impressionnisme ? L'une et l'autre thèse se peuvent également défendre puisque lui-même, en sa personne comme dans son rôle social, comme dans son influence sur l'avenir, a reçu cette mission complexe à la jonction du passé et du futur. Il appartient en effet à la haute bourgeoisie, reste lié dans sa vie à cette société, demeure attaché aux prérogatives dont elle jouit, souhaite recevoir les honneurs et les consécrations qu'elle dispense et, en même temps, soulève au cours de son existence les scandales les plus violents et par sa peinture accomplit, sans le vouloir, la plus efficace révolution. A l'origine, Manet n'eut probablement pas l'intention de jouer ce rôle de chef de file. Il avait commencé très sagement par essayer une carrière plus conventionnelle. Pour céder aux instances familiales, il s'embarqua en 1848 comme pilotin sur un transport, et fit le voyage d'Amérique Latine. A son retour, ayant échoué à l'examen de l'École Navale, il parvient à triompher de la résistance paternelle et, pour obéir à sa vocation d'artiste, s'inscrit en janvier 1850 à l'atelier de Thomas Couture. Tout de suite, son indépendance l'oppose à son professeur. Pourtant il n'aborde par le métier avec des idées préconçues, avec la certitude de s'inventer une technique personnelle; il fréquente alors très assidûment le Musée du Louvre; les leçons de l'école le laissent insatisfait et l'exemple des chefs-d'œuvre lui prouve qu'il a plus à apprendre devant les toiles des maîtres et devant le spectacle de la nature. Sa formation lui vient donc à la fois de ses séjours à Fontainebleau et de son admiration pour Tintoret, Titien ou Vélasquez. Dans ses premières œuvres, déjà marquées par ces influences, se discerne un goût pour les couleurs claires, pour la touche franche, pour les grands aplats sonores. Ses

MANET. LOLA DE VALENCE. 1861-1862.
MUSÉE DE L'IMPRESSIONNISME, PARIS

MANET.
MATADOR SALUANT. 1866.
METROPOLITAN MUSEUM OF ART,
NEW YORK

MANET.
MADEMOISELLE
VICTORINE EN
COSTUME D'ESPADA.
1862.
METROPOLITAN
MUSEUM OF ART,
NEW YORK

99

voyages en Hollande, en Allemagne, en Italie, le confirment dans cette orientation, où il rejoint la liberté et la fougue de Frans Hals et des Vénitiens de la Renaissance. Au Salon de 1861, il expose un *Joueur de guitare espagnol* qui lui vaut une " mention honorable " et, en raison du sujet, suscite les éloges de Théophile Gautier. L'année suivante, un spectacle donné par une troupe de chanteurs et de danseurs ibériques le confirme dans son enthousiasme pour l'Espagne et lui inspire toute une série de peintures, dont le célèbre tableau de *Lola de Valence*, " bijou rose et noir " selon les termes mêmes de Baudelaire. Les affinités entre l'art de Manet et la peinture espagnole sont alors si évidentes qu'un critique qualifie le peintre d' " Espagnol de Paris " et que Courbet, à l'occasion du Salon de 1865 (où fut exposée l'*Olympia*), disait : " Il ne faut pas que ce jeune homme nous la fasse à la Vélasquez... " Cependant, c'est seulement en 1865 que Manet ira en Espagne voir enfin les maîtres par lesquels on le dit influencé. Son admiration pour Vélasquez s'y confirme et il découvre Goya.

Dès ses débuts, Manet étonne donc et déroute. Les premières réactions violentes du public datent en effet de 1863, lorsqu'il exposa au fameux Salon des Refusés *le Déjeuner sur l'herbe*. Nous comprenons mal aujourd'hui la valeur scandaleuse qui lui fut attribuée. La composition en parut inconvenante, parce qu'il représentait une femme nue assise sur l'herbe entre des jeunes gens vêtus de costumes contemporains. Le nu n'était alors acceptable que dans des scènes allégoriques et lorsque les personnages étaient censés représenter des dieux. En fait, il est bien probable que la technique était plus scandaleuse encore que le sujet. Par la fraîcheur et la vivacité des tons, par son exécution large, cette toile semblait avoir été peinte sur place plutôt que dans l'atelier. Tout cela dénotait, chez le jeune artiste, une impardonnable perversion d'esprit, l'audace lui faisait dépasser les limites de la décence. Même les critiques indulgents hésitent et sont décontenancés : " farces de jeune homme ou plaies vives, indignes d'être étalées ainsi ", dit l'un ; " je ne devine pas ce qui a pu faire choisir à un artiste intelligent et distingué une composition si absurde ", dit l'autre. Le refus des conventions, la franchise des moyens employés avaient alors un caractère agressif qui, en lui attirant la réprobation de la bourgeoisie bien-pensante, fit de l'auteur le chef de file des jeunes peintres. Son action devint encore plus évidente au Salon de 1865, lorsqu'il y exposa l'*Olympia*. Zola y trouvait l'équivalent en peinture des théories qu'il commençait à élaborer de son côté. Le public, on le sait, s'offusqua de la présence, au bout du lit, d'un chat noir; la négresse, offrant un bouquet de fleurs, parut insolite. La critique, de son côté, dénonça l'absence de modelé, la brutalité du dessin, la crudité de la lumière, quand elle n'en vint pas aux injures. Jules Claretie, très catégorique dans son refus, montre le ton adopté par les adversaires : " Qu'est-ce que cette odalisque au ventre jaune, ignoble modèle ramassé je ne sais où et qui a la prétention de représenter Olympia ? Olympia ? Quelle Olympia ? Une courtisane sans doute. Ce n'est pas à M. Manet qu'on reprochera d'idéaliser les vierges folles, lui qui en fait des vierges sales. " Comment traiter aussi grossièrement le gentil modèle que fut Victorine Meurend et qui, avant d'être l'*Olympia*, fut l'héroïne du *Déjeuner sur l'herbe* et deviendra l'année suivante le personnage du *Fifre*. Aujourd'hui, le chef-d'œuvre qu'est l'*Olympia* nous apparaît comme une des pièces maîtresses de l'art moderne. Nous y admirons l'imprévu de la pose, la fermeté et la pureté du contour, la franchise de l'expression, une science consommée de la composition. Enfermé dans sa blancheur abstraite et cependant vivante, rarement corps de femme a connu pareille nudité. A la fois idole et objet de scandale, Olympia, ainsi que l'observe Valéry, dégage tout d'abord une " terreur sacrée ", avant de s'imposer au regard du spectateur et de triompher dans l'espace idéal du tableau.

Les peintres, de quelques années plus jeunes que Manet, qui allaient bientôt créer l'Impressionnisme, ne se trompèrent pas sur l'importance de ces expériences et reconnurent en lui un aîné, derrière lequel ils pouvaient s'engager, pour rajeunir la peinture d'une façon plus fondamentale que ne le proposait l'œuvre d'un Courbet ou d'un Corot, quelle que fût leur admiration pour ces artistes. De son côté, Manet profita de la sympathie de ses cadets : il trouva chez eux, dans leur exaltation de la couleur claire, un stimulant et une source d'inspiration nouvelle. S'il ne participa pas aux expositions impressionnistes organisées à partir de 1874, il n'en subit pas moins l'attrait de ce rajeunissement et sa palette allégée le démontre. Il ne s'adonna

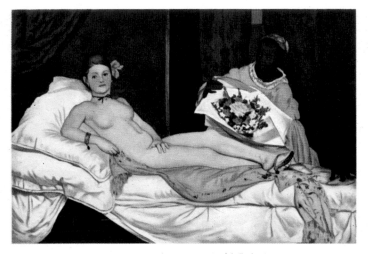

MANET. OLYMPIA. 1863. MUSÉE DE L'IMPRESSIONNISME, PARIS

MANET. ÉTUDE POUR OLYMPIA.
CABINET DES DESSINS. MUSÉE DU LOUVRE, PARIS

MANET. LE DÉJEUNER SUR L'HERBE. 1863.
MUSÉE DE L'IMPRESSIONNISME, PARIS

jamais cependant au paysage pour lui-même : ses vues de plein air comportent toujours des personnages qui sont pour lui l'occasion de disposer, parmi les reflets bleus et gris dont il les entoure, des valeurs sombres qui s'en trouvent rehaussées. Certes il a en partage avec les Impressionnistes le désir de rendre la sensation dans toute sa fraîcheur, mais jamais il ne recourra pour autant à la division systématique des tons. A l'encontre de ses jeunes amis, il n'aura point la phobie de la couleur noire, bien au contraire. Comme Frans Hals, le noir est pour lui une véritable couleur dont il s'est souvent servi et qui donne un éclat étonnant à beaucoup de ses compositions. Il n'eut pas non plus la hantise des problèmes plastiques que l'on retrouve chez Cézanne, ni l'obsession du dessin comme Degas. Manet n'a pas cherché à ériger un système : moins théoricien que peintre, instinctivement inspiré et doué, il veut avant tout retrouver sur la toile l'éclat et l'intensité de ce qu'il éprouve et sans doute fut-il lui-même toujours étonné des refus qu'il rencontra dans les milieux officiels. Il s'entêta longuement pour exposer au Salon et finit par y obtenir une seconde médaille qui le mit hors concours, mais c'était en 1881 et sa carrière était déjà accomplie, si accomplie même que l'année suivante il fut fait chevalier de la Légion d'Honneur (évidemment grâce à l'intervention de son condisciple au collège Rollin, Antonin Proust, devenu à cette époque ministre des Beaux-Arts).

L'art de Manet est une préface de l'avenir, par la liberté de sa facture, par le rôle qu'il donne à la couleur. Même lorsqu'il utilise les aplats et refuse les dégradés, celle-ci conserve une valeur spatiale et c'est là probablement l'apport le plus caractéristique de Manet dans son époque. Ce rôle dévolu à la couleur le conduit tantôt à résumer la surface d'un volume en quelques plans essentiels, tantôt au contraire à adopter de larges surfaces uniformément colorées comme pour le *Fifre*. C'est à propos de cette toile que Daumier lui reprochera de vouloir ramener la peinture aux " figures des jeux de cartes ". C'était méconnaître ce qu'avait d'audacieux la tentative de Manet; car enfin, planter de la sorte, sur l'abstraction d'un fond monochrome inspiré de Vélasquez, un personnage vêtu d'un costume aux tons vifs et éclatants sans que cette simplification extrême aboutisse à une absence totale de vie, témoignait de la plus grande sûreté de main. Que toute ombre ici ait disparu pour se concen-

MANET. FEMME SE REPOSANT. LAVIS À L'ENCRE DE CHINE

trer dans la vibration du contour enserrant la forme, l'on reste confondu de voir que cette mystérieuse opération n'ait rien fait perdre de sa souplesse au contour, ni à la forme de sa densité. L'art de Manet, malgré toutes ces nouveautés dans la technique, se rattache cependant au passé, tout d'abord par les influences qu'il a subies, mais surtout par la conception totale qu'il se faisait du tableau. Comme les plus grands, Manet est capable de reprendre un thème usé et de lui redonner un éclat si réel qu'il semble neuf. A moins d'en avoir la preuve évidente, un esprit non prévenu ne peut deviner Raphaël derrière *le Déjeuner sur l'herbe*, ni Titien derrière l'*Olympia* et cependant la parenté n'est pas discutable. *La Pêche* utilise, en les inversant, des éléments pris dans deux œuvres de Rubens, *l'Arc-en-ciel* et *le Parc du château de Steen*; de Rubens aussi vient *la Nymphe surprise*, fragment également inversé de la *Suzanne au bain*; *le Torero mort* est l'exacte réplique du *Guerrier mort* de Vélasquez, *Tres de Mayo* de Goya trouve son pendant dans l'*Exécution de Maximilien*. Ce ne sont ni des pastiches, ni des démarquages, mais une véritable création à partir d'une réalité extérieure et indépendante, que cette réalité soit un objet, un personnage ou un autre tableau. Peu importe le thème choisi, Manet le ramène à une commune mesure qui est celle de sa personnalité. Il n'y a pas moins d'intensité, ni de vie, dans les toiles pour

MANET. UN BAR AUX FOLIES-BERGÈRE. 1882. INSTITUT COURTAULD, LONDRES

MANET.
PORTRAIT DE
Mme MICHEL LÉVY.
PASTEL. 1882.
NATIONAL GALLERY
OF ART,
WASHINGTON

lesquelles il s'est inspiré des œuvres classiques, qu'il n'y en a dans *le Bar aux Folies-Bergère* dont le sujet est emprunté à un épisode de la vie contemporaine, et ce dernier tableau obéit à des règles de composition aussi sévères que les autres.

Si libre soit-il dans son apparence, l'art de Manet n'est pas une improvisation, ses œuvres ne sont pas hasardeuses, mais strictement et volontairement construites. Il n'est pas détaché du sujet aussi complètement qu'on pourrait le croire, du moins pas autant que le seront ses successeurs. Il fut volontiers tenté par les grandes compositions historiques, non seulement dans sa jeunesse comme le prouvent les œuvres dont nous venons de parler, mais plus tard quand il est en pleine possession de son talent : *l'Exécution de Maximilien* en fournit une preuve. En 1879, il proposa même au Préfet de la Seine de décorer l'Hôtel de Ville de compositions sur Paris-Halles, Paris-Chemins de fer, Paris-Ponts, Paris Souterrain, Paris-Courses. En 1881 enfin, il donnera un tableau intitulé *l'Évasion d'Henri de Rochefort*, du bagne de Nouméa, qui retrace un événement vieux de sept années à peine. On en peut conclure qu'il n'avait pas pour l'anecdote les réticences ou même les refus qui devaient commencer avec l'Impressionnisme et qui allaient devenir, en s'affirmant de plus en plus, un des principes de l'art moderne. L'intérêt qu'il accorde aux personnages a fait de lui un des meilleurs portraitistes du XIXe siècle. On se souviendra des nombreux portraits qu'il fit de Berthe Morisot, notamment celui au chapeau noir, ceux d'Antonin Proust, de Clemenceau, de Duret, de Zola, d'Irma Brunner, de Méry Laurent, sans oublier celui de Stéphane Mallarmé, l'un des plus beaux. Sur la fin de sa vie, alors qu'il commence à ressentir les atteintes de la paralysie, il aura volontiers recours au pastel, d'un maniement plus souple, pour donner des célébrités parisiennes des portraits qui comptent parmi le meilleur de sa production. L'élégance naturelle de son métier lui permet d'être un observateur exact et scrupuleux, sans jamais tomber dans la moindre vulgarité. Bien qu'il soit toujours resté en marge du groupe impressionniste, bien qu'il n'ait pas sacrifié le travail dans l'atelier à la peinture de plein air comme le firent les nouveaux peintres, Manet mérite la place de chef de file qu'on lui donne généralement dans l'Impressionnisme puisqu'il fut le premier, et pendant des années le seul, à livrer combat en faveur d'un art

MANET.
LE PRINTEMPS.
(JEANNE DE MARSY).
1881. DESSIN.
FOGG ART MUSEUM,
CAMBRIDGE (U.S.A.)

jeune qui cherche dans l'observation directe de la nature et des spectacles de la vie contemporaine un renouvellement de l'inspiration et de la technique.

MONET Claude (1840 - 1926). Né à Paris, mort à Giverny. Claude Monet est le plus impressionniste des Impressionnistes et son œuvre a une valeur de symbole. Il est juste que ce soit un tableau de lui, exposé en 1874 et intitulé *Impression, Soleil levant*, qui ait servi de prétexte à un chroniqueur parisien pour baptiser la nouvelle peinture. D'ailleurs le titre de ce tableau était en soi très significatif. Il marque la volonté de l'artiste de traduire dans sa peinture son propre sentiment plutôt que de représenter un paysage déterminé et cet acte était révolutionnaire dans le temps où il fut accompli. Tel est le point de rupture entre l'art moderne et celui des siècles antérieurs. Il est probable que les intéressés eux-mêmes ne se sont pas entièrement rendu compte de ce qu'avait d'absolu leur nouvelle attitude; ils n'en pouvaient mesurer les conséquences, mais Monet et ses amis avaient assez de foi pour prolonger leurs tentatives à travers les pires difficultés. Dans sa jeunesse, Monet avait rencontré Boudin au Havre, puis s'était lié d'amitié avec

MONET. RÉGATES À ARGENTEUIL. VERS 1872. MUSÉE DE L'IMPRESSIONNISME, PARIS

MONET. IMPRESSION, SOLEIL LEVANT. 1872. MUSÉE MARMOTTAN, PARIS

MONET.
LA CATHÉDRALE
DE ROUEN. 1894.
MUSÉE DE ROUEN

MONET.
LA CATHÉDRALE DE ROUEN,
LE PORTAIL ET
LA TOUR D'ALBANE,
PLEIN SOLEIL.
1894.
MUSÉE DE
L'IMPRESSIONNISME,
PARIS

III

Pissarro à l'Académie Suisse où tous deux travaillaient. Quelques années plus tard, il entre dans l'Atelier Gleyre, y rencontre Renoir, Bazille et Sisley. Ainsi le destin rassemble fortuitement les quelques hommes qui vont, peu de temps après, faire éclater les formules dans lesquelles se complaît l'art officiel. Pendant plusieurs années les prises de position ne sont pas aussi intransigeantes que nous l'imaginons aujourd'hui. Monet envoie au Salon et n'est pas toujours refusé. Son premier envoi en 1865 est accepté et connaît même un certain succès. Il sera d'ailleurs reçu plusieurs fois au cours des années suivantes, mais plus difficilement il est vrai. Outre des paysages, Monet exécute à cette époque quelques figures, et d'abord une grande composition : *le Déjeuner sur l'herbe*, qu'il détruisit après que Courbet la lui eut critiquée (il en reste une admirable esquisse au Musée de Francfort), puis un *Portrait de Camille*, très remarqué au Salon de 1866, *les Femmes au jardin* (Musée de l'Impressionnisme), *le Déjeuner dans un intérieur*. Ces toiles, avec quelques rares portraits exécutés à différentes époques, sont à peu près les seules où il se soit attaché à représenter la figure humaine. On pourrait s'étonner de cette indifférence et y voir le signe d'une insensibilité. Il est plus juste de penser que, pour un artiste aussi scrupuleux que Monet, — et tous les Impressionnistes le furent, — le portrait, aux problèmes purement picturaux, ajoutait des problèmes psychologiques et qu'il lui préféra le thème infiniment plus neutre du paysage. Le problème pictural était en soi assez important pour que Monet ne cherchât pas à le compliquer davantage.

Monet traverse alors une des époques les plus sombres de sa vie. Sa situation matérielle ne cesse d'empirer; il est saisi et voit 200 de ses toiles vendues aux enchères par lots de 50 francs. Il est âgé de vingt-sept ans. Désespéré, il tente de se suicider. La fidèle amitié de Bazille l'aidera à surmonter difficultés et échecs : son envoi au Salon de 1869 ne vient-il pas d'être refusé ? La même année, en compagnie de Renoir, il se rend à Bougival où, ensemble, ils peignent les bains de la Grenouillère. Quand la guerre éclate, Monet part pour Trouville, puis pour Londres où il retrouve Pissarro, admire avec lui les toiles de Turner et fait la connaissance de Durand-Ruel. A son retour en France, en 1872, il se fixe à Argenteuil : là, il se construit un bateau-atelier, grâce auquel il peut tout à loisir étudier les jeux de la

MONET. LES MEULES. DESSIN. COLLECTION PRIVÉE

lumière et de l'eau. Reprenant un projet jadis envisagé par
Bazille, il invite ses amis à se grouper pour exposer ensemble
leurs œuvres. Ce qu'ils font en 1874, chez Nadar; mais cette
exposition — désormais fameuse dans l'histoire de la peinture —
ne soulève que de la risée et provoque les commentaires les plus
malveillants. A l'art figé et statique fabriqué dans les ateliers,
et qui requiert alors toutes les faveurs, Monet oppose l'instabilité prise sur nature, non seulement celle du mouvement,
mais celle, beaucoup plus subtile, de l'ambiance, de l'atmosphère.
Se serait-il contenté de chercher pour les personnages des
attitudes vivantes, quelque chose d'assez proche de ce que
révèle une photographie instantanée, sans doute aurait-on
accepté ses théories; mais ce qu'il veut peindre, c'est le frémisse-
ment de la lumière, le miroitement de l'eau, la transparence
de l'atmosphère, le scintillement des feuillages. Sa notion de
l'instantané ne concerne pas les formes en mouvement, mais
l'immobilisation du temps : tel paysage n'est pas le même à
l'aube ou au crépuscule, en automne ou au printemps. Il veut
peindre le soleil, le froid, le vent, la brume. Ce sont notions
fort nouvelles et qui ont valeur de révélation. N'est-ce pas à
son propos qu'Oscar Wilde dira plus tard que la nature imite

MONET. LA BARQUE. VERS 1887. MUSÉE MARMOTTAN, PARIS

MONET. JEUNES FILLES EN BARQUE. 1887. COLLECTION
MATSUKATA, MUSÉE NATIONAL D'ART OCCIDENTAL, TOKYO

MONET.
LONDRES : LE PARLEMENT,
TROUÉE DE SOLEIL DANS
LE BROUILLARD. 1904.
MUSÉE DE
L'IMPRESSIONNISME,
PARIS

l'homme puisque avant Claude Monet personne n'avait remarqué que les brouillards s'irisent autour des ponts de Londres, et puisque personne maintenant ne saurait voir les brouillards de Londres sans penser à Monet.

Désormais Monet s'en tiendra à peu près exclusivement aux paysages, et le plus souvent à ceux où l'eau apporte un élément mouvant. Les ports de la Manche, les rives de la Seine, l'Angleterre, la Hollande, Venise, lui fourniront jusqu'à sa mort des thèmes inépuisables. L'on reste confondu aujourd'hui de penser que cet art, plein de fraîcheur et de jeunesse, sensible aux charmes de toutes les saisons, lumineux comme un chant de bonheur, souleva des tempêtes et des haines et valut à l'homme qui en fut l'apôtre de connaître pendant de longues années la misère. Mais tant de ténacité réussira à convaincre les incrédules et, vers 1880, Monet commence à voir les hostilités s'apaiser. Peu à peu, le calme entre dans sa vie, puis l'aisance, et même la fortune, avec la gloire qui auréole ses années de vieillesse. Encore cette gloire n'est-elle pas sans mélange; en effet, si Alfred Sisley est mort trop jeune pour assister au début du triomphe, Monet fut, lui, le témoin des nouvelles attaques que l'Impressionnisme triomphant devait subir, non plus cette fois de la part des artistes officiels et académiques, mais bien des peintres de la nouvelle génération qui, usant de la liberté que leur avaient conquise les Impressionnistes, le rejetèrent pour s'engager sur d'autres voies, vers d'autres audaces, d'autres conceptions, voire d'autres reniements. Sans doute peut-on reprocher à la technique impressionniste jusqu'au point où l'a poussée Claude Monet, d'accorder moins d'importance aux formes qu'à l'atmosphère dont elles s'enveloppent. Cela est vrai, mais comment refuser à un artiste le droit d'aller jusqu'au bout de sa pensée ? Monet n'a pas craint de rechercher cet absolu. Déjà dans la série des *Cathédrales de Rouen*, on ne sent nulle préoccupation de suggérer des effets de matières, mais seulement le désir d'observer la lumière dans toutes ses intensités. C'est surtout à Giverny, dans son jardin qu'il a lui-même aménagé, que Monet a réalisé son rêve en un jeu féerique dépourvu de tout souci de forme stable. Ses guirlandes de glycines reflétées dans le miroir mouvant du lac, ses plans de nénuphars flottant sur l'instabilité de l'eau lui offrent tout un jeu éblouissant de mirages colorés trouvant en eux-mêmes leur raison d'être, à la manière de certaines variations musicales dont le thème central n'est qu'un prétexte, qu'un point de départ. Toute l'évolution de l'œuvre de Monet tend à cette totale libération qui lui permit, à la fin de sa vie, d'aboutir à un art aussi indépendant de la réalité que celui des peintres les plus abstraits d'aujourd'hui. L'étonnant ensemble mural qui lui fut inspiré par *les Nymphéas*, et qui occupe deux salles au Musée de l'Orangerie, montre bien cet aboutissement à un monde poétique débarrassé de tout souci de forme et dans lequel l'évocation de la réalité n'est plus qu'un très vague prétexte. Il s'en dégage une étrange magie, mais aussi la certitude qu'on a atteint là un point qui ne saurait être dépassé, un point où l'artiste, maître de ses moyens, découvre une pureté au-delà de laquelle il ne saurait aller sans se dissoudre.

Cette expérience extrême n'aurait pu voir le jour si auparavant Monet n'avait entrepris, à plusieurs reprises, de peindre le même paysage vu à des heures, à des saisons, sous des lumières différentes, à seule fin d'obtenir des effets nouveaux à partir d'un même thème. Les vues de *la Gare Saint-Lazare* (1876-1877), de *la Cathédrale de Rouen* (1892-1894) et de son jardin de Giverny (1905-1908) sont parmi les plus célèbres, mais il est d'autres séries : *la Débâcle des glaces* (1880), *les Meules* (1891), *les Peupliers au bord de l'Epte*, les vues de Londres ou de Venise, qui méritent la même attention. Les amateurs qui ont eu la bonne fortune de voir réunies, avant leur dispersion, quand l'artiste les exposait chez Durand-Ruel, plusieurs toiles d'un même thème, savent tout l'intérêt, toute la séduction d'une telle confrontation. Là, Monet a démontré qu'il n'y a pas dans la nature, au regard de la lumière, de couleur absolue; le visage de chaque objet étant en perpétuel changement, l'art du peintre consistera à en choisir un moment de préférence à tout autre, pour en fixer l'originalité dans une image définitive. Certes, la démonstration est péremptoire, encore que sans elle l'Impressionnisme n'en eût pas moins été justifié.

On comprend fort bien qu'un tel art qui, à ses débuts, recueillit l'adhésion et l'encouragement des écrivains naturalistes, y voyant l'illustration de leurs théories sur la réalité objective, ait été ensuite renié par ces mêmes écrivains. En fait, ce n'est pas tant l'expression naturaliste que rechercha Monet, qu'une poésie faite de suggestions dans lesquelles

MONET. NYMPHÉAS. 1920-1926. COLLECTION PRIVÉE

MONET.
NYMPHÉAS.
VERS 1910.
KUNSTHAUS,
ZURICH

MONET. NYMPHÉAS, PAYSAGE D'EAU. 1905.
MUSEUM OF FINE ARTS, BOSTON.
DON DE EDWARD JACKSON HOLMES

119

l'imprécision, l'absence de traits rigoureux ouvrent une large place à la rêverie et au jeu constamment renouvelé de la couleur. L'art de Monet, tel qu'il nous apparaît aujourd'hui, avec la grande liberté dont il se réclame, avec sa double inspiration poétique et réaliste, ne cherche point ses références dans le passé, même si quelques peintres du xviiie siècle ont paru en être la préface. On pourra lui trouver un prédécesseur dans le peintre anglais Turner, encore qu'il s'agisse là d'un art de pure imagination et de féerie. A vrai dire, l'art de Monet reste plus près de la nature; et s'il semble parfois s'en écarter, c'est que l'œil du peintre a réussi à saisir ce qui, avant lui, paraissait insaisissable. Il se situe très en dehors de l'œuvre de quelques-uns des autres peintres qui furent classés dans l'Impressionnisme. Il n'a à peu près rien de commun avec le dessin rigoureux de Degas, sauf quand Degas, plus tard, se plaît dans ses pastels, notamment dans ses danseuses, à d'analogues irisations; il s'oppose à la construction de Cézanne et ne trouve de parenté réelle qu'avec Sisley et Pissarro, mais il y a plus de certitude chez Monet. Jonkgind et Boudin avaient, avant lui, ouvert la voie et réussi à traduire à leur manière de semblables atmosphères mouillées, sans cependant atteindre cette qualité poétique qui reste une acquisition propre à Claude Monet.

MORISOT Berthe (1841 - 1895). Née à Bourges, morte à Paris. Élevée dans une famille bourgeoise et cultivée, Berthe Morisot étudie la peinture dès l'âge de quinze ans. Elle commence à se former avec un médiocre peintre de genre, Chocarne, puis avec un " classique ", le Lyonnais Guichard, dont l'enseignement se borne à la copie des maîtres. La rencontre de Corot, dont elle sera pendant six ans l'élève assidue (1862-1868), va enfin lui permettre de s'adonner à la peinture de plein air. Ses premières œuvres, telle sa *Vue du petit port de Lorient* (1869, Collection particulière, New York) qu'elle expose au Salon de 1870, sont très influencées par son maître. Pourtant une autre rencontre se révélera non moins décisive pour la jeune femme, celle de Manet, en 1868. Elle va devenir son élève, son modèle et, par son mariage en 1874 avec le frère du peintre, Eugène Manet, sa belle-sœur. En retour, c'est elle qui convertira Manet à la peinture de plein air, credo du groupe des futurs Impressionnistes qu'elle a rejoint dès ses débuts. L'enseignement de

Manet, loin de détacher Berthe Morisot des premières leçons de Corot, se superpose en quelque sorte à cette influence, et ce n'est pas avant 1879 qu'elle se forgera sa manière propre. *Le Berceau* (1873, Musée de l'Impressionnisme) qui figure à l'exposition de 1874 chez Nadar, ou *A Maurecourt* (1874, Collection particulière, Paris) sont à cet égard révélateurs. Cependant elle va peu à peu parvenir à une technique très personnelle, fondée sur la juxtaposition de grandes touches librement disposées en tout sens, procédé qui donne à ses compositions une légèreté exempte de mièvrerie : *Jeune femme en toilette de bal* (vers 1879-1880, Musée de l'Impressionnisme). Pourtant, elle s'oriente déjà vers des recherches qui l'éloigneront de l'Impressionnisme, trop attaché, selon elle, aux subtilités de l'atmosphère et pas assez attentif aux nécessités de la forme. Elle conserve néanmoins un acquis qui lui fait rendre à merveille l'irisation de la lumière, la subtilité des tons argentés, qualités qui font le prix de ses aquarelles, genre dans lequel excelle sa délicate spontanéité : *Sur la terrasse à Meudon* (1884, Chicago, Art Institute).

NADAR Félix Tournachon, dit (1820 - 1910). Évoquant ses pénibles débuts, ainsi que ceux de ses amis, Claude Monet devait dire un jour : "Nadar, le grand Nadar, qui est bon comme le pain, nous prêta le local... " On sait en effet que le célèbre photographe avait prêté ses ateliers du 35 boulevard des Capucines aux futurs Impressionnistes qui y organisèrent, du 15 avril au 15 mai 1874, la première des huit expositions de la "Société anonyme coopérative des Artistes peintres, sculpteurs, graveurs, etc.". Toute l'avant-garde de la jeune peinture était représentée, autrement dit tous les refusés du Salon officiel. A côté de Boudin, de Lépine et de quelques autres, qui avaient été invités sur proposition de Degas et qui devaient servir en quelque sorte de caution, figurait au grand complet tout le groupe des futurs Impressionnistes, Cézanne y compris. Seul Manet était absent. Le nom de Nadar demeure inséparable de celui des grands artistes de son temps, dont il nous a donné d'insurpassables portraits. Sans parler du Baudelaire qui est dans toutes les mémoires, nul portrait peint n'a dépassé en intérêt psychologique son fiévreux Delacroix, l'inquiétant Constantin Guys, son assyrien Courbet ou son majestueux Monet. Avec le même

MORISOT.
SUR LA TERRASSE
À MEUDON.
AQUARELLE.
1884.
ART INSTITUTE,
CHICAGO

bonheur il a su évoquer la finesse prudente de Manet, la bon-
homie de Corot ou l'émouvante mélancolie de Daumier.
C'est à lui que la photographie aura dû d'égaler parfois la
peinture dans l'interprétation psychologique des caractères
et des visages.

NOUVELLE ATHÈNES. L'Impressionnisme, autour de
1877, a vu la dispersion de ses partisans. C'est de cette époque que
date la fréquentation du café de la Nouvelle Athènes, place
Pigalle, par certains artistes dont le nom reste malgré tout lié
à l'Impressionnisme. Les écrivains sont en majorité : on y
remarque notamment Duranty, Paul Alexis, l'ami de Zola,
et surtout le romancier irlandais George Moore, qui a laissé
de ces soirées un vivant témoignage dans ses *Mémoires*. Parmi
les peintres, seul Renoir, qui habitait toujours Paris, venait
assez régulièrement. Monet, Sisley et Cézanne, amené par le
musicien Cabaner, n'y faisaient que de rares apparitions. C'est
dans une des salles de la Nouvelle Athènes que le graveur
Marcellin Desboutin posa avec l'actrice Ellen Andrée pour le
tableau de Degas, *l'Absinthe*, que Manet enfin y a brossé une
esquisse de George Moore, attablé dans une attitude aussi
élégante que désinvolte.

PISSARRO Camille (1830 - 1903). Né à Saint-Thomas
(Antilles danoises), mort à Paris. Paysagiste, attaché surtout
aux villages de l'Ile-de-France et à la vie des champs, il est,
autant par son appartenance au groupe des Impressionnistes
que par le style de sa peinture, un des plus typiques représentants
de leur mouvement, un de ceux, peu nombreux, dont l'œuvre
a contribué à donner à ce mouvement la signification d'une
"École". Aîné des principaux peintres du groupe, il est le
seul à avoir régulièrement participé à leurs huit expositions.

Son père, Français d'origine portugaise, avait épousé une
créole et s'était établi dans l'une des Iles Vierges où il faisait
le commerce de la quincaillerie. Il destinait son fils à travailler
avec lui et l'envoya d'abord faire ses études à Paris. La pension
de Passy où le jeune Camille reste de 1841 à 1847 a pour directeur un peintre amateur, Savary, qui lui apprend le dessin et lui
inculque le goût de l'étude sur nature. De retour aux Antilles,
il se persuade au bout de peu d'années qu'il n'est pas fait pour

s'occuper du magasin paternel. En 1852, il fait un coup d'éclat en quittant Saint-Thomas, en compagnie d'un artiste danois avec qui il travaille la peinture, Fritz Melbye, pour aller au Venezuela. Les dessins, peu connus, exécutés par Pissarro à cette époque, montrent déjà une vigueur prometteuse qui encourage sans doute son père à le laisser partir pour Paris. Il y arrive en 1855, au moment où l'Exposition Universelle présente un ensemble exceptionnel d'œuvres des maîtres contemporains. Ceux vers qui se porte surtout son admiration sont Delacroix, Millet et Corot. C'est à ce dernier qu'il vient demander des conseils. Tout en travaillant dans divers ateliers — notamment à l'Académie Suisse où il rencontrera Monet, Guillaumin et, en 1861, Cézanne —, il retourne plus d'une fois chez Corot, et il obtient l'autorisation de se dire son élève. Ce qu'il mentionnera plus tard sur le catalogue du Salon après s'être désigné comme " élève d'Anton Melbye ", peintre de marine (frère de son ami Fritz Melbye) qui lui donna quelques leçons. Pissarro, à l'exemple des paysagistes qu'il admire, et aussi par goût personnel, travaille souvent aux environs de Paris. C'est avec un *Paysage de Montmorency* qu'il est reçu pour la première fois au Salon, en 1859. Il y est refusé en 1861. En 1863, il expose au Salon des Refusés avec Manet, Cézanne, Guillaumin, Fantin-Latour. Par la suite, sa présence au Salon subira encore quelques éclipses. Peu à peu sa peinture, d'abord assez sombre, s'éclaircit en même temps que sa facture devient plus large. Il commence à subir l'influence de Courbet et de Manet, et ses conceptions nouvelles, que stimulent les discussions du Café Guerbois, lui valent la désapprobation de Corot.

Pissarro, à Pontoise depuis 1866, y peint de nombreuses toiles qu'il parvient parfois, avec l'appui de Daubigny, à exposer au Salon, mais qu'il réussit rarement à vendre — et encore, pour des sommes dérisoires. En 1869, il s'installe à Louveciennes, d'où le chasseront, l'année suivante, les envahisseurs de la France en guerre. Réfugié en Bretagne, puis en Angleterre, il fait la connaissance à Londres du marchand de tableaux Paul Durand-Ruel, qui devait s'intéresser à sa peinture comme à celle de tous les Impressionnistes. Monet, à Londres lui aussi, ne manque pas d'aller étudier avec Pissarro les œuvres de Constable et de Turner. Tous deux, de manière différente, contribuent à la formation de leur esthétique, bien qu'ils aient

contesté plus tard cette influence ou voulu en diminuer l'importance. En juin 1871, Pissarro revient en France et trouve sa
maison de Louveciennes pillée par les Allemands, ses toiles
détruites ou utilisées comme tapis dans le jardin. En 1872,
il s'installe de nouveau à Pontoise. Et Cézanne, sur qui il exerce
une passagère influence, vient travailler auprès de lui, ainsi
que, parfois, Guillaumin. Pissarro est le premier à avoir deviné
chez Cézanne une personnalité que l'avenir allait bientôt
démontrer. Quant à lui, c'est entre 1872 et 1874 qu'il trouve
sa technique la plus libre et la plus " impressionniste " (avant
que le mot ait été inventé). La légèreté des touches et la délicatesse de la couleur expriment la sensibilité de sa vision dans ces
paysages qui restent parmi les meilleurs de son œuvre : *le Lavoir,
Pontoise, Entrée du village de Voisins* (1872, Musée de l'Impressionnisme), *la Meule* (1873, Collection particulière), *l'Ermitage,
Pontoise* (1874, Collection particulière). L'automne blond
sous le ciel bleu, un soleil léger sur un village désert, donnent
à ces peintures une nuance de mélancolie souriante où se révèle
toujours ce que Théodore Duret, grand admirateur du peintre,
a décrit comme " un sentiment intime et profond de la nature ".
    A cette évolution de Pissarro répond une hausse momentanée
de sa cote. Mais, en 1874, il soulève surtout la réprobation de la
critique lorsqu'il expose en compagnie des amis qui, entraînés
par Claude Monet, se sont groupés pour fonder la " Société
anonyme coopérative des Artistes peintres, sculpteurs, graveurs, etc. ". Cette première des huit expositions organisées par
la Société prend tout de suite la signification d'un acte d'indépendance à l'égard du Salon officiel. Elle marque le début
historique du mouvement des " Impressionnistes " et leur vaut
cette appellation, alors chargée d'ironie. Pissarro y figure avec
cinq paysages. " Ce sont, écrit *le Charivari* au sujet de l'un d'eux,
Champs labourés, des grattures de palette posées uniformément
sur une toile sale. " L'hostilité des amateurs n'est pas moins
agressive que celle de la critique, et Durand-Ruel est maintenant
embarrassé pour vendre les toiles nombreuses qu'il a achetées.
Cela n'arrange pas les affaires du pauvre Pissarro, chargé d'une
nombreuse famille. — Trois de ses fils seront peintres : Lucien
(1863 - 1941), qui figurera à la huitième exposition, Georges,
dit Manzana-Pissarro (1871 - 1961), et Ludovic Rodolphe, dit
Ludovic-Rodo (1878 - 1952). — Camille Pissarro, en qui l'on a

PISSARRO. AVENUE DE L'OPÉRA. 1898. MUSÉE DE BELGRADE

PISSARRO. LE CANAL DU LOING. 1902.
MUSÉE DE L'IMPRESSIONNISME, PARIS

PISSARRO.
RUE DE L'ÉPICERIE
À ROUEN, LE MATIN,
TEMPS GRIS. 1898.
COLLECTION PRIVÉE,
PARIS

PISSARRO.
L'ÎLE LACROIX,
ROUEN; EFFET DE
BROUILLARD. 1888.
COLLECTION JOHNSON,
MUSEUM OF ART,
PHILADELPHIE

toujours reconnu un caractère doux allié à un esprit combatif, ne fera jamais de concession au public. Mais il doit se débattre dans d'accablantes difficultés, et il est obligé d'accepter des travaux de vente facile. Il peint des éventails, compose des estampes. L'œuvre gravé qu'il a laissé est important, plus important que celui de tous les autres Impressionnistes, sauf Degas. Pissarro fit plus de deux cents estampes, principalement des eaux-fortes et des lithographies. Dans cette production de qualité inégale, quelques paysages de Rouen, de Pontoise ou d'Éragny, quelques scènes champêtres et même quelques portraits, dont le sien, témoignent de la sensibilité de son observation et d'une technique très personnelle.

A partir de 1874 et jusqu'à 1886, c'est-à-dire durant la période qui englobe les huit expositions du groupe, la peinture de Pissarro évolue peu. Tout au plus peut-on remarquer une tendance à travailler, de plus en plus, par petites touches grumeleuses qui, parfois, font régner un peu de confusion dans les valeurs et dans les plans. Une des plus jolies toiles de cette période, pour l'harmonie de ses verts et de ses roux, est de 1877 : *les Toits rouges. Coin de village, effet d'hiver* (Musée de l'Impressionnisme). Mais la palette de Pissarro n'atteindra pas au raffinement d'un Sisley, et il n'aura ni les audaces d'un Monet ni le charme d'un Renoir. Peut-être a-t-il ressenti le besoin d'une technique plus rigoureuse, lorsqu'il rencontre Seurat en 1885 et subit aussitôt l'attraction des théories qui allaient faire de la " touche divisée " le principe du Néo-Impressionnisme. Dès 1886, Pissarro applique ces théories à sa peinture. Et cette année-là il obtient, non sans soulever bien des objections chez ses amis, que Seurat et son disciple Signac figurent à la huitième et dernière exposition. Pissarro fera du " pointillisme " pendant deux ans, et l'on peut voir au Musée de l'Impressionnisme une toile caractéristique de cette période : *Femme dans un clos. Soleil de printemps dans le pré à Éragny* (1887). C'est à Éragny, dans l'Eure, qu'il s'était installé en 1884, après avoir successivement habité Pontoise, Rouen et Osny. Cependant les contraintes d'un mode d'expression trop systématique étaient peu faites pour s'accorder au tempérament de Pissarro. Il s'en écarte en 1888 pour retrouver sa liberté de facture, ce qui ne l'empêchera pas de revenir parfois, partiellement, à cette esthétique des petites touches juxtaposées, notamment dans ses vues de Rouen ou des grands boulevards à Paris. Un *Autoportrait* (Londres, Tate Gallery) nous montre en 1903, l'année de sa mort, un visage de vieillard aux yeux vifs. Sa grande barbe blanche fait de lui un frère de Monet — l'un et l'autre apparaissant ainsi comme les " patriarches " de l'Impressionnisme.

RENOIR Auguste (1841 - 1919). Né à Limoges, mort à Cagnes. Par-delà l'Impressionnisme dont il fut, à ses débuts du moins, l'un des principaux artisans, Renoir rejoint cette lignée d'artistes qui, de Titien et Tintoret à Rubens, de Fragonard à Delacroix et Courbet, vivent dans la peinture une sorte de fête païenne et sensuelle à la gloire de la femme. Fils d'un tailleur à façon, Renoir commença sagement sa vie d'apprenti en peignant de petits bouquets de fleurs sur des assiettes de porcelaine, puis en décorant, avec la même conscience, des éventails et des stores pour missionnaires. En lui cependant vivaient de plus grands espoirs : ayant fait quelques économies, il renonce à être un bon ouvrier pour devenir élève et entre, en 1862, dans l'Atelier Gleyre où il rencontre Monet, Bazille et Sisley : ainsi se constitue le noyau des futurs Impressionnistes. L'année suivante, ayant quitté l'Atelier, il se rend en compagnie de ses nouveaux amis dans la forêt de Fontainebleau pour peindre sur le motif. Renoir est alors sous l'influence de Courbet et cette influence se décèle aussi bien dans une œuvre comme *le Ménage Sisley* (1868) que dans *la Baigneuse au griffon* (1870) : même amour de la matière, même sensualité dans les volumes, même franchise. Cependant la fréquentation de Claude Monet conduit Renoir à pratiquer, dans certaines toiles, cette division de la touche colorée qui sera l'une des conquêtes de l'Impressionnisme : cela nous vaut les deux étonnantes versions de *la Grenouillère*, datées de 1869. En 1870, Renoir est mobilisé dans les chasseurs à cheval; il retrouve ses camarades après la guerre et participe à la fameuse exposition de 1874, chez Nadar, où devait naître l'Impressionnisme. Renoir, qui expose *la Loge*, est un des peintres qui attire les critiques les plus acides. C'est cependant l'époque où il donne des œuvres d'une beauté aussi déconcertante que *le Moulin de la Galette* (1876), *la Balançoire* ou *le Chemin montant dans les herbes* (1876). On lui reproche notamment de couvrir ses personnages de moisissures, quand il peint le soleil filtrant à travers le feuillage. Aujourd'hui que

RENOIR. LE BAL DU MOULIN DE LA GALETTE. 1876.
MUSÉE DE L'IMPRESSIONNISME, PARIS

RENOIR.
LA FEMME AU CHAT.
1875.
NATIONAL
GALLERY OF ART,
WASHINGTON

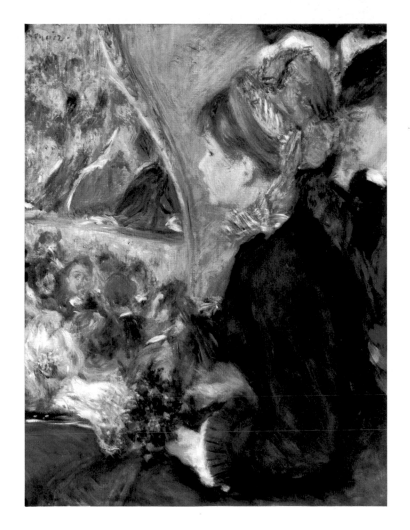

RENOIR. PREMIÈRE SORTIE. VERS 1875-1878.
TATE GALLERY, LONDRES

nous nous sommes familiarisés avec les ombres colorées, avec les tonalités violettes, il est difficile d'imaginer l'innovation monstrueuse que pouvait représenter une toile comme *le Moulin de la Galette*. Ce qui caractérise l'époque impressionniste de Renoir, c'est qu'à la représentation de la nature il réussit à ajouter une atmosphère sentimentale et semble tout aussi charmé par les tendres enlacements de ses personnages que par le jeu des feuillages ou de l'eau. Tandis que ses amis sont surtout attirés par le paysage, les préférences de Renoir vont aux compositions ainsi qu'aux portraits. En effet, après avoir chanté la joie populaire des guinguettes, il va se consacrer à donner de la haute société parisienne quelques-unes des plus somptueuses images que cette époque nous ait laissées : tels sont les portraits de *la Famille Henriot* (1876), de *Jeanne Samary* (1877), de *Madame Charpentier et ses filles* (1878). Peintre de mœurs, il semble que Renoir ne puisse se passer de la présence humaine, pour donner une mesure à son œuvre et exprimer la nature des sentiments qu'il entend y inclure. Si l'effort d'un Cézanne tend à tout ramener au niveau impersonnel de l'objet et à représenter un visage avec la même tranquille impartialité qu'une pomme, celui de Renoir semble bien être au contraire de tout accorder avec sa vision de l'homme. Chez lui, une fleur, un fruit sont colorés, savoureux et palpitants de vie comme un corps humain sous la peau duquel on devine que coule le sang. Cézanne regarde et raisonne, Renoir, lui, voit et sent. C'est la même opposition que l'on retrouve dans la couleur, avec les dominantes rouges, c'est-à-dire chaudes, de Renoir et les dominantes bleues ou vertes, c'est-à-dire froides, de Cézanne.

Mais voici que l'époque proprement impressionniste de Renoir n'est pas loin de toucher à sa fin et *le Déjeuner des canotiers*, qu'il conçoit au cours de l'été de 1880, alors qu'il fréquente l'établissement de la mère Fournaise dans l'île de Croissy, près de Bougival, est l'une des dernières toiles où s'exprime et se résume, en une synthèse particulièrement démonstrative, son idéal de jeunesse. Renoir a alors quarante ans et il éprouve un besoin de renouvellement. Rien ne l'inquiète tant que cette facilité, que cet esprit de système dans lesquels l'Impressionnisme se trouve alors menacé de tomber. Renoir, tout comme Cézanne quelques années auparavant, se ressaisit, en faisant un retour à la tradition classique. Il part pour l'Italie, à l'automne de 1881. Après un séjour à Venise, il se rend à Rome : là, il s'arrête longuement devant les fresques de Raphaël à la Villa Farnèse, puis descend jusqu'à Naples où il découvre la peinture pompéienne. Parlant de cette époque, Renoir dira plus tard : " Il s'est fait alors une cassure dans mon œuvre. J'étais allé jusqu'au bout de l'Impressionnisme et j'arrivais à cette constatation que je ne savais ni peindre, ni dessiner. En un mot, j'étais dans une impasse. " Sous l'influence de Raphaël, il adoptera désormais une peinture beaucoup plus lisse. Réagissant contre la dispersion et l'éparpillement de la couleur en touches juxtaposées, il donnera aux formes qu'il cerne d'un trait pur et précis une sécheresse volontaire assez surprenante. Car ce qui l'a séduit en Italie, spécialement chez Raphaël, c'est la qualité du dessin qui, sous une apparente froideur, s'attarde à modeler les formes avec une acuité, une concentration où la part respective des sens et de l'esprit est difficile à déterminer. Lui qui avait demandé jusqu'alors à la couleur de suggérer les formes, autrement dit d'être elle-même son propre dessin, va désormais l'emprisonner dans le cadre sévère d'une peinture toujours plus minutieuse, toujours plus exacte. Cette période, que l'on a dite " ingresque " — Renoir l'appelait avec plus de raison sa " manière aigre " — se caractérise par une prédilection pour les tons froids et les couleurs acides, pour une matière lisse, mate et sans éclat. Phase transitoire dans son œuvre, cette période n'en est pas moins décisive en ce qu'elle représente un admirable effort de discipline et correspond à l'un de ces moments critiques dans la vie d'un artiste où tout est remis en question, repensé à partir des données mêmes du métier. De cette discipline si contraire à sa nature, Renoir saura tirer les meilleurs effets dans de nombreuses toiles aux environs de 1885, notamment dans *les Grandes baigneuses* et dans *la Natte*. Toutefois, il ne supportera pas longtemps cette contrainte où visiblement son génie ne s'épanouit pas normalement et il ne tarde pas à revenir à la manière colorée qui est la sienne. Il y revient avec plus de vigueur qu'au temps de l'Impressionnisme. Il lui reste de cette expérience une plus grande certitude de lui-même, mais surtout la faculté de n'être plus étroitement soumis à la réalité et d'imposer dorénavant au sujet traité la volonté de son génie créateur.

RENOIR. BAIGNEUSE AUX CHEVEUX LONGS. VERS 1895.
COLLECTION J. WALTER - PAUL GUILLAUME, PARIS

RENOIR. LES GRANDES BAIGNEUSES. 1884-1887.
CAROLL S. TYSON COLLECTION, MUSEUM OF ART, PHILADELPHIE

RENOIR.
GABRIELLE À LA
BLOUSE OUVERTE.
VERS 1910.
COLLECTION PRIVÉE

135

Avec sa dernière " manière ", on assiste à un épanouissement sans précédent. Dans l'unité retrouvée de la couleur et de la ligne, du volume et de la lumière, Renoir va chanter inlassablement le corps de la femme, centre de l'univers, création sans cesse renouvelée de notre désir. Désormais de grands nus empliront le paysage, jusqu'à occuper toute la toile; et le rouge, modulé à l'infini, deviendra la couleur prédominante dans laquelle toutes les autres se consumeront, de la même façon qu'en Gabrielle, sa fidèle servante et son modèle préféré, ressuscitera chaque fois la femme dans son éternelle jeunesse. Les compositions de cette époque ont ceci de particulier que, sous l'apparence de la plus totale liberté, elles restent infiniment plus volontaires que ne le sont celles de Monet ou de Sisley, plus spontanées cependant et plus naturelles que celles de Degas. Renoir donne ici toute sa mesure. Ces toiles furent longtemps discutées et encore aujourd'hui bien des amateurs se plaisent à les opposer à celles du début de sa carrière. Il est certain que les grands Nus qui sont l'essentiel de sa production après 1900 représentent, quand on les compare à des œuvres comme *la Loge* ou *le Moulin de la Galette*, un art bien plus difficile à accepter parce que, libéré de toute contrainte, il se révèle capable de traduire les sentiments de l'artiste avec une audace qui n'était pas encore perceptible au temps de l'Impressionnisme. D'ailleurs, le choix des thèmes est en lui-même assez significatif. Renoir n'a pas craint de renoncer à ce qui fit son succès; alors que sa personnalité commençait à s'imposer dans les portraits mondains, nous le voyons rejeter ce thème pour aborder, soit les compositions, soit les nus, soit la nature morte où il n'était pas assuré de conquérir un nouveau public. Cette attitude correspond plus au caractère du personnage qu'à une doctrine esthétique. " Pour moi, aimait-il à dire, un tableau doit être une chose aimable, joyeuse et jolie, oui, jolie! Il y a assez de choses embêtantes dans la vie pour que nous n'en fabriquions pas encore d'autres! "

Ce plaisir physique de la forme et de la matière que Renoir ressentait au plus haut point et qui le poussait, selon son expression, " à peloter un tableau, à passer la main dessus ", devait inévitablement l'attirer vers la sculpture. Il s'y risqua à un moment où, hélas, ses infirmités physiques ne lui laissaient plus une très grande souplesse. S'étant adjoint le concours d'un

jeune sculpteur, il fit travailler celui-ci sous son contrôle permanent. La seule œuvre qui soit entièrement de lui est le portrait
de son fils " Coco ", qu'il exécuta vers 1907-1908. Exécutées
par le sculpteur Richard Guino, avec l'accord et les conseils de
Renoir, les autres pièces sculptées offrent une évidente parenté
de formes et d'esprit avec l'œuvre du peintre. La grande *Vénus*
et la grande *Laveuse accroupie* sont des œuvres magistrales qui
peuvent prendre place parmi les purs chefs-d'œuvre de la
sculpture contemporaine.

L'art de Renoir est un art heureux, parce que l'homme était
sans aigreur et sans jalousie. Son œuvre obéit à une logique
interne, s'accorde à une vie parfaitement équilibrée et qui sait
s'accepter à tous les moments de son déroulement, même les
plus douloureux, quand la maladie déforme ses membres et
que, pour continuer à peindre, l'artiste est obligé de se faire
attacher son pinceau au poignet. Le jeune homme impécunieux
qu'il fut à ses débuts, et qui vivait à Montmartre, y rencontrant
les jeunes femmes du quartier, les gentilles ouvrières, les modèles,
têtes légères et cœurs faciles, devait être reçu plus tard dans les
familles de la haute bourgeoisie parisienne. Mais, dans un cas
comme dans l'autre, qu'il peignît le bal du *Moulin de la Galette*,
la Balançoire, *le Déjeuner des canotiers*, ou qu'il exécutât les
portraits qu'on lui avait commandés, par-delà l'exactitude de
l'atmosphère sentimentale du sujet, c'était d'abord sa propre
sensibilité qui s'exprimait, et il va de soi que c'est à lui-même
avant tout qu'il entendait demeurer fidèle. Ainsi ses émotions
de peintre s'accordent-elles avec ses sensations d'homme,
et du même coup une unité exemplaire s'établit entre tant
d'œuvres si différentes. Il n'y aura pas davantage de rupture
brutale, lorsqu'il renoncera à peu près entièrement à des sujets
trop précis et préférera peindre des femmes au torse nu, des
baigneuses en d'innombrables portraits de Gabrielle, ce qui est
sa manière de faire de la peinture pure. Car, là encore, il apparaît
que l'amour de la peinture et l'admiration de la femme aient été
indissolublement liés en lui et ne purent jamais être que le
double aspect d'une même passion pour la vie claire et saine.

SEURAT Georges (1859 - 1891). Né et mort à Paris. Initiateur du Néo-Impressionnisme, il en est aussi le représentant
le plus important, celui dont la personnalité fut assez forte

RENOIR. LE JUGEMENT DE PÂRIS. VERS 1914.
COLLECTION HENRY P. McILHENNY, PHILADELPHIE

RENOIR.
GABRIELLE
À LA ROSE. 1911.
MUSÉE DE
L'IMPRESSIONNISME,
PARIS

SEURAT. JEUNE FEMME SE POUDRANT. 1889-1890.
INSTITUT COURTAULD, LONDRES

SEURAT.
HONFLEUR ;
BOUT DE JETÉE.
1886.
RIJKSMUSEUM
KRÖLLER-MÜLLER,
OTTERLO

pour avoir fondé une conception poétique de la peinture sur des données essentiellement scientifiques. Dans son œuvre, que la brièveté de sa vie a limitée à moins de cinquante tableaux (et près de deux cents études), il a porté les principes du " mélange optique ", ou " divisionnisme ", à un degré de perfection qui en fait oublier le côté systématique. C'est ce qui l'a imposé comme le chef d'une des écoles les plus singulières de l'histoire de la peinture : l'École pointilliste.

L'existence de Seurat, en dehors de son activité artistique, se réduit à peu de chose. Sa plus grande aventure fut sa peinture, la recherche studieuse et passionnée d'une méthode qui satisfasse à la fois son esprit ordonné et réfléchi et son goût des harmonies " silencieuses ". Sa vie peut ainsi s'écrire en quelques lignes. Fils d'un père champenois, huissier à La Villette, et d'une mère parisienne, il habite avec eux rue de Bondy (aujourd'hui rue René-Boulanger), puis boulevard de Magenta. A Fontainebleau pendant la Commune, à Brest en 1879 pour sa période militaire (que son volontariat permet de réduire de cinq ans à douze mois), il s'installe à Paris en 1880, 19 rue de Chabrol. Il passe l'été de 1885 à Grandcamp, celui de 1886 à Honfleur. En 1888, il fait un voyage à Bruxelles avec Signac, et il séjourne à Port-en-Bessin. En 1889, il travaille, l'été, au Crotoy. Le 16 février 1890, il est père d'un fils, Pierre-Georges, dont la mère, Madeleine Knobloch, sera célèbre par le tableau peint par Seurat la même année, *la Jeune femme se poudrant* (Londres, Institut Courtauld). Il passe l'été à Gravelines. L'année suivante, le 29 mars, il meurt de la diphtérie à trente-deux ans. Son enfant, quinze jours plus tard, meurt du même mal. C'est dans le cadre de cette existence singulièrement peu mouvementée qu'allaient s'élaborer, sur l'espace de dix années, quelques-uns des chefs-d'œuvre de la peinture française.

Tout jeune, en 1875, il passe du lycée à l'École Municipale de Dessin de la rue des Petits-Hôtels, où il suit les cours du sculpteur Justin Lequien, élève de Bosio. C'est là qu'il fait la connaissance d'Aman-Jean, dont le beau portrait dessiné qu'il fera plus tard sera, en 1883, son premier envoi au Salon et le seul qui y sera jamais accepté. En 1877, il travaille dans les galeries de l'École des Beaux-Arts, dessinant des antiques avec minutie, d'après des moulages, et préparant son concours d'admission. Après un an d'études, il est reçu à l'École, où Aman-

Jean le suit. Il entre dans l'atelier d'un académiste, élève d'Ingres, Henri Lehmann. Il travaille aussi au Louvre, étudiant les maîtres. Mais, " les maîtres " pour lui allaient être bientôt ceux que lui fait découvrir, en 1879, la quatrième exposition des Impressionnistes. Renoir et Sisley sont absents, cette année-là. Mais Degas, Pissarro, Gauguin, Lebourg et surtout Monet lui produisent un choc. Bientôt convaincu de l'inutilité de l'enseignement qu'il peut attendre des Beaux-Arts, il quitte l'École avec Aman-Jean, et tous deux louent un atelier qu'ils partageront, 32 rue de l'Arbalète. Cependant, ce qui détermine la grande aventure picturale dans laquelle va se lancer Seurat n'est pas tant la connaissance d'une certaine peinture que la lecture de quelques ouvrages qui exercent sur lui une emprise envoûtante. C'est, d'abord, la *Grammaire des Arts du Dessin*, de Charles Blanc, publiée en 1867, où l'auteur s'efforce de démontrer comment " la couleur, soumise à des règles sûres, se peut enseigner comme la musique ". C'est, ensuite, un livre plus ancien mais plus savant, *De la loi du contraste simultané des couleurs* (1839), d'Eugène Chevreul, où la théorie des complémentaires apporte à Seurat la révélation d'un domaine qu'il pressent devoir lui fournir la clef de ses recherches esthétiques. Il s'intéresse alors à tous les travaux sur la couleur, à ceux de Charles Henry, de Maxwell, de Helmholtz. Il lit *les Phénomènes de la vision*, étude de David Sutter, publiée dans la revue *l'Art* en 1880, la *Théorie scientifique des couleurs* d'Ogden N. Rood qui, en 1881, vient de paraître. C'est peut-être dans ce dernier ouvrage qu'il trouve un encouragement décisif à n'aborder complètement les problèmes de la couleur qu'après être parvenu à une maîtrise du dessin. Rood écrit, en effet : " Si l'artiste ne possède pas vraiment à fond l'art de dessiner les objets en ombres et en lumières, cela ne signifie rien pour lui de s'attaquer à la couleur. " L'ombre et la lumière, c'est bien ce qui caractérise le travail de Seurat qui, après avoir dessiné, à ses débuts, avec une application ingresque, se met à la recherche d'une technique personnelle. Cette technique, il la trouve dès 1881. Elle nous vaudra l'œuvre admirable — environ 400 dessins — où, renonçant à tout tracé linéaire, le dessinateur a obtenu du crayon Conté frotté sur le papier Ingres au grain apparent la représentation de tout sujet, de tout volume, par des masses d'ombre et de pénombre qui sont une véritable

SEURAT. UN DIMANCHE D'ÉTÉ À L'ÎLE DE LA GRANDE JATTE. 1886.
ART INSTITUTE, CHICAGO

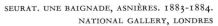

SEURAT. UNE BAIGNADE, ASNIÈRES. 1883-1884.
NATIONAL GALLERY, LONDRES

SEURAT. LE CROTOY, AVAL. 1889. COLLECTION NIARCHOS, ATHÈNES

SEURAT.
LE CIRQUE.
1890-1891.
MUSÉE DE
L'IMPRESSIONNISME,
PARIS

143

peinture en noir et blanc. Dans ces jeux raffinés du demi-jour et du contre-jour, apparaissent des portraits (tout d'abord celui de sa mère), des silhouettes de paysans au travail (où se remarque l'influence de Millet), des paysages de banlieue et de nombreuses études destinées à la mise au point des valeurs et à la mise en place de tous les personnages appelés à figurer dans ses grands tableaux : promeneurs au bord de la Seine, poseuses dans l'atelier, chanteuses de café-concert, saltimbanques, etc.

La première toile importante qu'il compose avec un souci extrême du rythme, mais dont la facture, plutôt impressionniste, ne révèle pas encore les rigueurs du principe " divisionniste ", *Une baignade, Asnières* (Londres, Tate Gallery), est refusée au Salon de 1884. C'est pour lutter contre de telles injustices que se fonde, la même année, la Société des Artistes Indépendants où Seurat exposera désormais, chaque année. A leur premier Salon, il présente sa *Baignade*. Aussitôt après, il se met à l'étude d'une plus grande toile, pour la préparation de laquelle il exécute 31 pochades à l'huile et 23 dessins. Achevée en 1886, elle figure, avec cinq autres toiles, à la huitième et dernière exposition des Impressionnistes : c'est *Un dimanche après-midi à l'Ile de la Grande Jatte* (Chicago, Art Institute). Cette fois, et pour la stupéfaction de beaucoup, l'œuvre met en application le système du " mélange optique " qui consiste à juxtaposer des touches, ou des points, dont les couleurs, au lieu d'être mélangées sur la palette, restent séparées sur la toile, l'œil se chargeant d'en assurer le mélange par sa simple perception. A la réprobation quasi générale de la critique et du public s'oppose tout de suite la défense de Seurat par Félix Fénéon, qui restera son plus fervent commentateur. Le côté hiératique de la *Grande Jatte* ne lui échappe pas, en quoi le peintre inaugure un système de synthétisation qui donnera à tous ses personnages un caractère d'étrangeté. Par la suite, il cherchera, par l'observation d'un langage graphique, à donner une signification — de tristesse ou d'allégresse, l'une étant peu distante de l'autre — au tracé de toute forme. En cela, la personnalité de Seurat apparaît tout aussi marquante dans le dessin de ses compositions que dans sa façon d'utiliser la couleur. Cependant, c'est le principe pictural du divisionnisme qui gagne à Seurat des adeptes, dont Pissarro et Signac sont parmi les premiers. Il en perfectionne l'application de toile en toile, abordant différents thèmes où, chaque fois, nous trouvons une œuvre maîtresse. Après la *Grande Jatte*, sorte de fresque de l'oisiveté dominicale où l'auteur, avec un art accompli de la mise en scène, montre, sous les frondaisons d'un bord de Seine, une quarantaine de personnages, trois chiens et un singe, c'est le *Coin d'un bassin à Honfleur* (Otterlo, Rijksmuseum Kröller-Müller) que Seurat peint sur le motif en 1886, où les lignes des quais, des mâtures et des cordages forment un curieux assemblage de verticales, d'horizontales et d'obliques. Puis, en 1887, les trois études des *Poseuses* — de face, de dos et de profil (Musée de l'Impressionnisme), qu'on retrouvera ensemble, en 1888, dans *les Poseuses* (Merion, Philadelphie, Barnes Foundation). C'est aussi l'année des paysages de Port-en-Bessin, dont *l'Avant-port, marée basse* (Saint-Louis, Missouri, City Art Museum) exprime le silence de midi dans la pureté d'une lumière estivale. Et c'est l'année de la célèbre *Parade* (New York, Metropolitan Museum of Art) où, sous un éclairage artificiel, les musiciens, le clown et le régisseur d'un cirque forain apparaissent dans un rapport de formes longuement élaboré et dans une harmonie d'ocres et de violets. Nouvelle série de paysages en 1889, avec *Le Crotoy, aval* (Coll. Stavros Niarchos, Athènes), et en 1890, avec *le Chenal de Gravelines, petit Fort-Philippe* (Indianapolis, Indiana, The John Herron Art Institute), qui comptent parmi les toiles les plus raffinées du pointillisme. Enfin, en 1890 également, deux toiles où, dans les arabesques, s'est propagé un écho de l'Art Nouveau : *le Chahut* (Otterlo, Rijksmuseum Kröller-Müller) et *le Cirque* (Musée de l'Impressionnisme), dernier chef-d'œuvre de Seurat que la mort ne lui laisse pas le temps d'achever.

SIGNAC Paul (1863 - 1935). Né et mort à Paris. Un des premiers adeptes du Néo-Impressionnisme, il en fut aussi le théoricien. Homme d'action et de réflexion, il mena, en outre, une activité de journaliste, d'écrivain et de navigateur. Doué d'un tempérament ardent et généreux, il favorisa les jeunes peintres lorsqu'il assuma la présidence de la Société des Artistes Indépendants, de 1908 jusqu'à sa mort.

Élevé bourgeoisement par des parents qui tenaient un commerce de sellerie, passage des Panoramas, il fait ses études au

SIGNAC. LE PORT DE SAINT-TROPEZ. 1894.
MUSÉE DE L'ANNONCIADE, SAINT-TROPEZ

SIGNAC.
FEMME SE COIFFANT.
1892.
COLLECTION
Mme G. SIGNAC,
PARIS

SISLEY. LA BARQUE PENDANT L'INONDATION. 1876.
MUSÉE DE L'IMPRESSIONNISME, PARIS

SISLEY.
LA NEIGE À
LOUVECIENNES.
1878.
MUSÉE DE
L'IMPRESSIONNISME,
PARIS

Collège Rollin, et rien ne semble le destiner à une carrière artistique. Mais en 1880, l'exposition Monet exerce sur lui une action déterminante. Peindre en plein air, c'est ce qu'il veut faire. Et c'est ce qu'il fait dès l'année suivante, sur les bords de la Seine. Il est ainsi naturel que ses premières toiles soient influencées par Monet. Il ira d'ailleurs lui demander des conseils et, plus tard, deviendra son ami. Cependant, c'est dans l'atelier d'un Prix de Rome, Bin, qu'il se fait inscrire en 1883. Ce qui ne l'empêche pas d'exposer, au premier Salon des Indépendants, en 1884, quatre paysages impressionnistes, peints dans la banlieue parisienne et à Port-en-Bessin où il passe ses étés depuis 1882 et qu'il fera connaître à Seurat. Sa rencontre avec celui-ci, en 1884, marque l'orientation décisive de son esthétique. Entièrement séduit par les principes du divisionnisme, il deviendra le plus actif animateur du mouvement. A la dernière exposition des Impressionnistes, en 1886, il expose ses premières toiles pointillistes, peintes cette même année, entre autres *la Route de Pontoise* (Leeds, City Art Gallery). Désormais il n'abandonnera jamais la technique de la touche divisée. Il s'en sert aussi pour des sujets d'intérieur qui resteront exceptionnels dans son œuvre : *le Petit déjeuner* (1887, Otterlo, Rijksmuseum Kröller-Müller) et *le Dimanche parisien* (1888/90, Coll. particulière). Beaucoup d'œuvres de Signac ont pour thème la mer, ses rivages et ses ports, reflet de sa passion pour les bateaux. Au cours de son existence, il en posséda trente-deux, y compris la périssoire baptisée *le Hareng saur épileptique* sur laquelle il emmenait Seurat sur la Seine. Le port d'attache de ses yachts est Saint-Tropez où il va pour la première fois en 1892 et où il aura sa maison, La Hune, si accueillante aux amis. C'est là que Matisse, passagèrement et incomplètement conquis par le Néo-Impressionnisme, peindra en 1904 sa toile la plus représentative de cette discipline, *Luxe, calme et volupté* (Coll. Mme Ginette Signac, Paris). Quelques titres des œuvres de Signac nous sont des points de repère pour retracer la géographie de ses voyages. Nous y trouvons la Bretagne avec *les Balises, Saint-Briac* (1885, Coll. particulière), *le Phare de Pontrieux* (1888, Otterlo, Rijksmuseum Kröller-Müller), *Concarneau, les bateaux de pêche* (1891, Coll. Robert Lehman, New York), etc. Puis la côte méditerranéenne : *le Port de Collioure* (1887, Otterlo, Rijksmuseum Kröller-Müller), *le*

Port de Saint-Tropez (1892, Wuppertal, Von der Heydt Museum), *le Port de Marseille* (1897, Otterlo, Rijksmuseum Kröller-Müller), *Antibes, le soir* (1914, Musée de Strasbourg). Quant à l'Océan, il est surtout représenté par les toiles de La Rochelle, entre 1911 et 1932. A quoi il faut ajouter Venise en 1904, Rotterdam en 1906, Constantinople en 1907, la Corse en 1932. Au cours de ces années la peinture de Signac évolue d'abord vers une coloration plus vive puis, à partir de 1896, vers une liberté plus grande dans la forme et dans la position des touches. Cette liberté, il en usa toujours avec ses aquarelles dont il fit un grand nombre, traitées en coups de pinceau rapides et fougueux, dans un style proche de celui de Jongkind, sur qui il écrivit un livre en 1927. Il laissa aussi de très vivantes pages d'un *Journal* et publia en 1899 un ouvrage capital sur l'histoire et la technique du " mélange optique " : *D'Eugène Delacroix au Néo-Impressionnisme.*

SISLEY Alfred (1839 - 1899). Né à Paris, mort à Moret-sur-Loing. Bien qu'ayant vécu presque toute sa vie en France, il conserva toujours la nationalité britannique. Il est, avec Monet, l'un des deux plus grands paysagistes du groupe des Impressionnistes. Il ne participa cependant que quatre fois à leurs expositions : en 1874, 1876, 1877 et 1882. Par ses toiles, il a laissé de l'Ile-de-France, de ses routes, de ses rivières, de ses ciels, une image où le raffinement de la couleur exprime la grande sensibilité de sa vision.

Les parents de Sisley, vivant en France, destinaient leur fils à une carrière commerciale et, pour l'y préparer, l'envoient, en 1857, en Angleterre où il reste quatre ans. Mais, de retour à Paris, il se choisit une orientation différente et entre, en 1862, à l'École des Beaux-Arts, dans l'atelier de Gleyre, peintre d'histoire, auteur des *Illusions perdues* et de *Hercule et Omphale.* C'est là qu'il fait connaissance de Monet, de Renoir et de Bazille. Peu enclin à se plier aux contraintes d'un enseignement académique, Monet entraîne bientôt ses amis hors de l'École. Dès l'année suivante, tous quatre quittent l'atelier de Gleyre. Ils vont travailler sur les bords de la Seine et dans la région de Fontainebleau, à Chailly-en-Bière, où Monet peindra son *Déjeuner sur l'herbe*, une des toiles initiales de l'Impressionnisme, et à Marlotte, où, en 1865, Renoir vient

TOULOUSE-LAUTREC. LA DANSE AU MOULIN-ROUGE. 1890.
COLLECTION HENRY P. McILHENNY, PHILADELPHIE

TOULOUSE-LAUTREC.
LA GOULUE ENTRANT
AU MOULIN-ROUGE.
1892.
COLLECTION
DAVID M. LEVY,
NEW YORK

TOULOUSE-LAUTREC.
YVETTE GUILBERT.
1894.
MUSÉE DES ARTS
DÉCORATIFS POUCHKINE,
MOSCOU

TOULOUSE-LAUTREC.
LA TOILETTE. 1896.
MUSÉE DE
L'IMPRESSIONNISME,
PARIS

151

peindre auprès de lui. Tous deux parcourent la Seine en voilier jusqu'au Havre. En 1866, deux toiles de Sisley sont reçues au Salon, mais par la suite il y sera refusé une année sur deux. Dans ses premiers travaux se fait sentir l'influence de Courbet, de Daubigny, parfois de Corot comme dans la *Vue de Montmartre* (1869, Musée de Grenoble). Toutefois, c'est la fréquentation de Monet qui devait le mettre sur sa propre voie. En 1871, il quitte la France, séjourne en Angleterre. Ses parents sont ruinés et, pour lui, les difficultés commencent. Il vivra des jours très malheureux jusqu'à la fin de sa vie. Cependant sa personnalité s'affirme, vers 1872, et le classe parmi les plus attachants paysagistes de son temps. A Argenteuil, à Bougival, à Louveciennes, en Angleterre en 1874, plus tard à Sèvres, à Veneux-Nadon où il séjourne en 1879, à Moret-sur-Loing où il s'installe en 1882, à Saint-Mammès en 1883, et de nouveau à Moret où il restera jusqu'à la fin de ses jours, partout où il peint, il se saisit des plus délicates harmonies de la nature et les traite avec une légèreté de touches et une richesse de nuances qui font de lui le plus subtil traducteur de ces éclairages de printemps et d'automne et de ces jeux de nuages et d'eau où le bleu se mêle au rose dans une sorte d'échange de tonalités entre ciel et rivière.

Son œuvre est fort bien représenté au Musée de l'Impressionnisme où, parmi une trentaine de toiles, se détachent quelques-uns de ses plus beaux paysages : *le Canal* (1872) ; *la Route, vue du chemin de Sèvres* (1873) ; les deux toiles de Port-Marly, de 1876 : *la Barque pendant l'inondation* et *l'Inondation à Port-Marly ; la Neige à Louveciennes* (1878) ; *Saint-Mammès* (1885) ; *le Canal du Loing* (1892), etc. A partir de 1890, il expose régulièrement au Salon de la Société Nationale des Beaux-Arts. Sa première exposition particulière a lieu en 1883, chez Durand-Ruel. Elle est suivie de deux autres : en 1893, chez Boussod-Valadon, et en 1897, chez Georges Petit. Mais, lorsqu'il meurt d'un cancer à la gorge, dans sa maison de la rue du Château, à Moret, il n'a encore jamais connu un véritable succès. Le prix de ses toiles montera dès après sa mort. Sa célébrité sera plus tardive.

TANGUY Julien (1825 - 1894). Le célèbre portrait du père Tanguy par Van Gogh, daté de 1886, nous le représente, sur un fond d'estampes japonaises, comme un petit bonhomme râblé, au visage volontaire et même têtu, coiffé d'un curieux chapeau breton. Tout d'abord plâtrier, puis employé des chemins de fer, Tanguy exerça le métier de broyeur de couleurs avant d'ouvrir un petit commerce de fournitures pour artistes peintres au 14 rue Clauzel, à Montmartre. Les débuts de son négoce sont contrariés par ses activités politiques. Devenu communard, il est interné au camp de Satory, passe en conseil de guerre et n'échappe à la fusillade que sur l'intervention de Rouart et de quelques clients influents. D'autre part, dès 1873, il se prend de passion pour les Impressionnistes et il adjoint à son maigre commerce la vente — combien problématique — des œuvres de ses amis les peintres. Le père Tanguy achète des Van Gogh, mais il n'en a jamais vendu un seul. Il entasse dans son magasin des toiles de Monet, Sisley, Cézanne, Pissarro et plus tard Gauguin; tout cela dans le plus magnifique désordre. Il visite les peintres dans leurs ateliers, à Moret, à Pontoise, leur apporte des couleurs, court les Salons. C'est chez lui que Vollard découvrira le maître d'Aix et, de 1877 à 1893, sa boutique est le seul endroit de Paris où l'on puisse voir des toiles de Cézanne. On jugera de son désintéressement lorsqu'on saura qu'à la vente de sa collection, après son décès en 1894, les prix des six Cézanne qu'il possédait oscillèrent entre 95 et 215 francs. D'un naturel généreux, il soutint sans défaillance les tentatives de ses amis, plus en philanthrope qu'en marchand, car ses moyens furent toujours modestes; néanmoins, c'est à lui que bien des peintres durent, à certains moments critiques, de pouvoir continuer à travailler.

TOULOUSE-LAUTREC Henri de (1864 - 1901). Né à Albi, mort au château de Malromé (Gironde). Il se situe au premier plan de ceux qui, trop jeunes pour avoir appartenu au groupe des Impressionnistes, n'en ressentirent pas moins l'influence, à leurs débuts. Sans la liberté apportée par l'Impressionnisme à l'emploi de la couleur, il n'eût pas mis autant d'audace à réaliser son œuvre, dont l'originalité réside cependant hors du domaine des paysagistes et dans une forme d'expression où le dessin joue un rôle prépondérant.

Descendant par son père, le comte Alphonse de Toulouse-Lautrec Monfa (marié à Adèle Tapié de Celeyran, sa cousine),

TOULOUSE-LAUTREC.
JANE AVRIL.
1898. AFFICHE

TOULOUSE-LAUTREC.
L'ANGLAISE DU
« STAR » AU HAVRE.
1899.
MUSÉE D'ALBI

154

TOULOUSE-LAUTREC. ARISTIDE BRUANT DANS SON CABARET. 1893. AFFICHE

des comtes de Toulouse, grands seigneurs en partie albigeois, il vécut sa jeunesse dans les vieilles demeures familiales et provinciales où, très tôt, il prit le goût de dessiner. Après une période, assez brève, d'études à Paris, au Lycée Fontanes (devenu Lycée Condorcet), où il fait la connaissance de Maurice Joyant qui deviendra son plus grand ami et, plus tard, son biographe, il poursuit son éducation sous la conduite de sa mère. Il n'a pas quatorze ans lorsqu'il couvre de croquis ses cahiers d'écolier et même les pages d'un dictionnaire, et il en a quinze lorsqu'il fait ses premières peintures, encouragé par le peintre John Lewis-Brown et conseillé par un ami de son père, le peintre animalier, sourd et muet, René Princeteau : intérêt d'un infirme pour un autre infirme, car, en 1878, le jeune Toulouse-Lautrec a fait cette chute qui le laisse avec le fémur gauche fracturé, et il en fait une seconde, l'année suivante, se brisant le fémur droit. Estropié pour le restant de ses jours, il va porter désormais l'humiliation de ce corps aux jambes enfantines et faibles qui lui feront une silhouette célèbre. Il se plaira, en portant la barbe, à en accentuer le côté caricatural. Et il est probable que c'est par réaction contre ce mauvais sort qu'il trouve en lui l'énergie d'accomplir — et de quelle façon magistrale — son œuvre d'artiste. Car, c'est dès après sa seconde chute que son travail prend un essor décisif. Son intérêt pour les chevaux — qu'il ne peut pas monter — se traduit par des dessins vigoureux d'attelages et de cavaliers, par la peinture, en 1879, d'un *Artilleur sellant son cheval* (Musée d'Albi). Et cet intérêt lui restera toute sa vie, lui fera dessiner de nombreux jockeys sur leurs montures et les écuyères du Cirque Fernando. A dix-huit ans il est déjà un excellent dessinateur, observateur précis, et sûr de son coup de crayon. Ce qui n'empêche pas Léon Bonnat, dans l'atelier de qui il entre en 1882, de lui déclarer : " Votre dessin est atroce. " De l'atelier de Bonnat, il passe à celui de Cormon, où il rencontre Van Gogh et Émile Bernard. Il y travaille de façon intermittente jusqu'en 1887. Il a maintenant son atelier rue Caulaincourt, au coin de la rue Tourlaque, tout près du magasin d'estampes de Goupil que tous les artistes fréquentent. Montmartre est son domaine, et c'est dans ses bals, dans ses cafés-concerts et dans ses maisons closes, que va s'élaborer l'œuvre capital du nabot aristocrate. Curieuse est ainsi la juxtaposition, dans son travail, de dessins

TOULOUSE-LAUTREC.
LA GOULUE ET VALENTIN.
1894. LITHOGRAPHIE.

représentant des danseuses du Moulin-Rouge, des chanteuses de
cabaret, des prostituées, et du portrait de sa mère, *la Comtesse
Alphonse de Toulouse-Lautrec dans le salon du château de Malromé*
(1887, Musée d'Albi). Pour Aristide Bruant qui chante au
" Mirliton " — dont il décore les murs avec des peintures où
figure la Goulue — il illustre les couvertures de ses chansons
avec ses premiers essais de lithographie, comme *A Saint-
Lazare*, en 1886. Peu à peu son champ d'action s'étend, et à la
vie nocturne de Montmartre s'ajoute bientôt celle de tous les
théâtres de Paris, de ses cirques, de ses hippodromes et de ses
vélodromes. Le monde des spectacles et des plaisirs trouve en
lui, pendant la dernière décennie du siècle, son plus attentif
observateur et son chroniqueur le plus génial. Le précieux
document sur cette époque que constitue son œuvre, est fait d'un
réalisme souvent ironique et parfois cruel, mais que la rigueur
du dessin a toujours préservé des excès de l'expressionnisme.
Les nombreux portraits qu'il a laissés, en peinture, au crayon
ou en lithographie, même lorsqu'ils ne sont tracés qu'en quelques

TOULOUSE-LAUTREC.
YVETTE GUILBERT
SALUANT LE PUBLIC.
1894.
MUSÉE D'ALBI

TOULOUSE-LAUTREC. AU CIRQUE FERNANDO : L'ÉCUYÈRE. 1888.
ART INSTITUTE, CHICAGO

TOULOUSE-LAUTREC. LA CLOWNESSE CHA-U-KAO. 1895.
MUSÉE DE L'IMPRESSIONNISME, PARIS

traits rapides ou quelques coups de pinceau vigoureux, ont la valeur d'une véritable exploration psychologique du modèle. Par eux nous sont livrées les nuances et la profondeur du caractère de ces personnages dont beaucoup, grâce à lui, sont demeurés célèbres : la Goulue, Yvette Guilbert, Jane Avril, May Milton, Jeanne Hading, Berthe Bady, Ève Lavallière, Marcelle Lender, Caudieux, etc. Nous les retrouvons quelquefois, dans une synthétisation saisissante, sur les affiches lithographiées qu'il compose avec un art audacieux de la mise en page, et de grands aplats de couleur, inspirés des principes de l'estampe japonaise. Parmi cette trentaine d'affiches exécutées entre 1891 et 1900 se trouvent quelques-uns des chefs-d'œuvre de Lautrec et qui eurent une grande influence sur l'évolution de l'art graphique : *le Moulin-Rouge* (avec les silhouettes de la Goulue et de Valentin le Désossé), *le Divan japonais*, *l'Eldorado* (avec Bruant), *la Revue blanche* (avec la figure de Missia Natanson), *la Troupe de Mlle Églantine*, où se dessine un mouvement d'arabesque annonciateur de l'Art Nouveau. Peu enclin à utiliser le pastel et l'aquarelle, Lautrec a cependant laissé un beau portrait au pastel de *Van Gogh* (1887, Amsterdam, Musée Vincent van Gogh). Et l'on peut observer dans certaines de ses toiles une manière de procéder par touches allongées qu'il semble devoir au peintre hollandais. A l'aquarelle, nous connaissons de lui le portrait d'*Oscar Wilde* (1895, Coll. particulière, New York). Sa technique de prédilection est la peinture à l'essence, très fluide, sur carton, ce qui lui permet, pour ainsi dire, de dessiner et de peindre à la fois, laissant chaque coup de pinceau apparent sur le fond que la couleur recouvre seulement en partie. C'est ainsi que sont peintes *la Femme au boa noir* (1892), *Jane Avril dansant* (vers 1892), *la Clownesse Cha-U-Kao* (1895) (toutes trois au Musée de l'Impressionnisme). Mais ses grandes compositions comme *Au Moulin-Rouge* (1892, Chicago, Art Institute), *Au Salon de la rue des Moulins* (1894, Musée d'Albi), et le portrait du *Dr Gabriel Tapié de Celeyran* (1894, Musée d'Albi), sont des huiles sur toiles. Vers 1898, la santé de Lautrec commence à se délabrer en raison de son alcoolisme. En 1899, il est obligé de suivre une cure de désintoxication dans la Maison de Santé du Dr Sémelaigne, à Neuilly. C'est là que, de mémoire, il exécute aux crayons de couleur une suite de trente-neuf scènes de cirque dont une partie

sera publiée en recueil quatre ans après sa mort, en 1905.

Un bon ensemble des œuvres de Lautrec est présenté à Paris, au Musée du Jeu de Paume, principalement consacré aux Impressionnistes. C'est là qu'on peut voir, outre les œuvres citées plus haut, *la Femme aux gants* (1889-1890), *la Toilette* (1896), *Femme se coiffant* (vers 1896) et les deux panneaux qu'il peignit en 1895 pour décorer la baraque de la Foire du Trône où, dans l'éloignement des beaux jours qu'elle avait connus au Moulin-Rouge, dansait la Goulue (de son vrai nom Louise Weber, morte dans la misère en 1928). Elle-même est représentée sur chacun des panneaux : sur l'un, en costume rose et vert, à côté de Valentin le Désossé; sur l'autre, dans *la Danse des Almées*, devant un groupe de spectateurs parmi lesquels on reconnaît Félix Fénéon. Les musées étrangers possèdent quelques belles toiles de Lautrec, notamment l'Art Institute de Chicago avec sept œuvres dont le portrait de *Madame Lili Grenier*

(1885-1888), *le Cirque Fernando* (1888), *le Moulin de la Galette* (1889), *Au Moulin-Rouge* (1892), *May Milton* (1895), etc.; la National Gallery de Washington avec *le Quadrille au Moulin-Rouge* (1892) et le portrait d'*Alfred la Guigne* (1894); le Kunsthaus de Zurich avec *Au Bar* (1898); le Musée d'Art Moderne de Prague avec *Femmes dansant au Moulin-Rouge* (1892), etc. Mais, c'est à Albi, au Musée Toulouse-Lautrec, installé depuis 1922 dans le palais de la Berbie — non loin de l'hôtel du Bosc où il est né —, que se trouve la plus importante collection de ses œuvres, en grande partie données par sa mère : plus de 200 peintures, y compris de nombreuses études de jeunesse, 150 dessins environ et une centaine de lithographies. Parmi les peintures, quelques études remarquables : le portrait, sur carton, de *M. Warrener* (1892), dont on retrouve la silhouette au chapeau haut de forme sur la lithographie en couleurs intitulée *l'Anglais au Moulin-Rouge ;* l'esquisse du beau portrait de *M. Delaporte* (1893) conservé à la Ny Carlsberg Glyptotek de Copenhague (où se trouve également le portrait de *Suzanne Valadon*, 1885); et le meilleur dessin qu'il ait fait d'*Yvette Guilbert*, en 1894, avec ses longs gants noirs et son nez agressif : un fusain rehaussé de couleur, projet pour une affiche que la chanteuse ne voulut pas accepter.

VOLLARD Ambroise (1865 - 1939). Venu tout jeune à Paris de son île de la Réunion, Ambroise Vollard ouvrit dès 1893 une galerie de tableaux rue Laffitte. Délaissant très vite les peintres " consacrés ", il organise en 1895 la première grande exposition Cézanne, avec cent cinquante toiles du maître. L'événement fait scandale, le public s'ameute. Des membres de l'Institut, Gérôme, Ferrier, etc., qui sont venus à l'exposition, protestent avec véhémence. Vollard est obligé de retirer de sa vitrine les toiles qui provoquent l'hilarité ou l'hostilité des passants, mais il exulte; de vrais amateurs sont signalés : Auguste Pellerin, le comte de Camondo, l'ex-roi Milan de Serbie. Dès lors, sa " cave " va devenir le centre artistique le plus brillant de Paris. Un dessin de Bonnard, daté de 1895, le représente au milieu du désordre bien connu de sa boutique, entouré de Rodin, Pissarro, Renoir, Degas et Bonnard lui-même. Tous ses amis feront son portrait : Cézanne, Renoir, Bonnard, Picasso.

RENOIR.
PORTRAIT DE VOLLARD
EN TORERO. 1917.
ANCIENNE
COLLECTION VOLLARD,
PARIS

RENOIR.
PORTRAIT DE VOLLARD
EN TORERO. 1917.
ANCIENNE
COLLECTION VOLLARD,
PARIS

Si la grande affaire de Vollard fut Cézanne, il ne manqua pas toutefois de s'intéresser à des artistes tels que les Nabis, ou encore à Gauguin, dont il fut à partir de mars 1900 le marchand attitré, lui assurant une mensualité en échange de ses toiles. En outre, l'année 1901 verra dans sa galerie la première exposition Picasso, et l'année 1904 la première exposition Matisse. Vollard aura enfin l'occasion de manifester son goût pour le Fauvisme en faisant l'acquisition de tout l'atelier Derain en 1905 et de celui de Vlaminck en 1906.

Très tôt, le livre illustré était devenu la préoccupation favorite de Vollard. C'est ainsi que, de 1900 à sa mort, parurent sous sa firme une trentaine d'ouvrages, qui comptent aujourd'hui parmi les livres de bibliophilie les plus recherchés. Qu'il nous suffise de citer *Parallèlement* (1900) de Verlaine avec des lithographies de Bonnard, *Ubu-Roi* (1918) de Jarry, illustré par Rouault et *la Maison Tellier* (1933) de Maupassant, avec des monotypes inédits de Degas. Enfin, Vollard a publié en 1937 ses fameux *Souvenirs d'un marchand de tableaux* qui resteront comme une source précieuse pour la petite histoire artistique de notre temps.

MANET.
PORTRAIT DE ZOLA.
1868.
MUSÉE DE
L'IMPRESSIONNISME,
PARIS

ZOLA Émile (1840 - 1902). Né et mort à Paris. C'est en 1857 que Zola s'était lié avec Cézanne, au collège d'Aix-en-Provence. Lorsque, en 1861, il " monte " à Paris, il s'installe non loin de son ami, dans un meublé rue des Feuillantines. Au Café Guerbois qu'il fréquente dès 1866, il fait la connaissance des critiques d'avant-garde et des peintres qui deviendront les Impressionnistes. Chargé, pour le journal *l'Événement*, d'une suite d'articles sur le Salon qui vient d'ouvrir, Zola sous le pseudonyme de " Claude " entreprend une virulente critique du jury qui a refusé les envois de ses nouveaux amis, notamment *le Fifre* de Manet. Le ton des articles est admirable; il résonne à la fois comme un défi à tous les conformismes et comme un cri de triomphe : "J'avoue tranquillement que je vais admirer M. Manet, écrit Zola; je déclare que je fais peu de cas de toute la poudre de riz de M. Cabanel et que je préfère les senteurs âpres et saines de la nature vraie... Je viens aujourd'hui tendre une main sympathique à l'artiste qu'un groupe de confrères a mis à la porte du Salon... et qu'on n'a pas jugé digne de figurer parmi quinze cents à deux mille impuissants qu'on a reçus à bras ouverts... La place de M. Manet est marquée au Louvre comme celle de M. Courbet... " Les abonnés protestent et le directeur n'hésite pas à sacrifier Zola, qui ne se tiendra pas pour battu, puisqu'il publiera, l'année suivante, une étude biographique et critique sur Manet dans la *Revue du XIXe siècle* (" Une nouvelle manière en peinture : M. Édouard Manet "). Son enthousiasme finira par triompher : au Salon de 1868, malgré les clameurs du public et les sarcasmes de la presse, son célèbre portait par Manet sera reçu. Poursuivant sa campagne en faveur des Impressionnistes, Zola écrit une nouvelle série d'articles dans *l'Événement illustré* où il loue Pissarro, Monet, Renoir. Sans doute Zola ne s'intéresse-t-il guère à la technique et à l'esthétique impressionnistes proprement dites, mais l'autorité naissante de son nom et la violence de son style furent pour beaucoup dans les convictions favorables qu'il avait imposées à l'égard de la nouvelle école. Toutefois, dès cette même année 1868, il laisse percer une inquiétude, un doute en ce qui concerne l'avenir de la peinture dont il s'est fait l'apôtre. Ces doutes vont prendre une tournure plus grave quand, en 1880, dans *le Voltaire*, il s'attaque aux dogmes de l'Impressionnisme, reproche à Monet de " s'agiter dans le vide depuis dix ans " et de n'être, comme Renoir, qu'un " renégat ". Les artistes répliquèrent en organisant un banquet de protestation auquel participèrent Pissarro, Duret, Burty, George Moore, Mallarmé, Monet, etc. Cependant Zola manifestera encore une fois sa mauvaise humeur à l'égard des peintres, quand il publiera, en 1886, son roman *l'Œuvre*, où il représentera dans le personnage de Claude Lantier, peintre inquiet et raté, son ancien condisciple et ami Paul Cézanne.

Il est en somme aisé de discerner les raisons qui commandèrent la conduite de Zola. Son enthousiasme partisan n'avait eu pour fondement intime que la défense de ses propres théories naturalistes. Au fond ce qu'il avait aimé chez Monet, Renoir ou Pissarro, c'était les premières œuvres qui, de toute évidence, s'inspiraient de Courbet. Cette étroitesse de vision ne saurait faire oublier que l'action de Zola, en 1866 et 1868, fut des plus courageuses et des plus salutaires et qu'elle contribua puissamment à faire respecter tout au moins le nom de Manet.

BIBLIOGRAPHIE

E. Duranty, *La Nouvelle Peinture*, Paris 1876 (réédition, Paris 1945).

Th. Duret, *Les Peintres impressionnistes*, Paris 1878.

J.-K. Huysmans, *L'Art moderne*, Paris 1883.

Th. Duret, *Critique d'avant-garde*, Paris 1885.

F. Fénéon, *Les Impressionnistes en 1886*, Paris 1886 (repris dans *Œuvres plus que complètes*, Genève 1970).

G. Moore, *Confessions of a Young Man*, Londres 1886 (trad. franç. : *Confessions d'un jeune Anglais*, Paris 1935).

A. Silvestre, *Au Pays des Souvenirs*, Paris 1892.

G. Moore, *Modern Painting*, Londres 1893.

P. Signac, *D'Eugène Delacroix au Néo-Impressionnisme*, Paris 1899 (réédition, Paris 1964).

J. Meier-Graefe, *Manet und seine Kreis*, Berlin 1902.

G. Mauclair, *L'Impressionnisme, son histoire, son esthétique, ses maîtres*, Paris 1904 (nouvelle édition revue et augmentée : *Les Maîtres de l'Impressionnisme...*, 1923).

J. Meier-Graefe, *Entwicklungsgeschichte der modernen Kunst*, Stuttgart 1904 (nouvelle édition augmentée, Munich 1927).

Th. Duret, *Histoire des Peintres impressionnistes*, Paris 1906.

A. Fontainas, *Histoire de la Peinture française au XIXᵉ siècle*, Paris 1906 (nouvelle édition augmentée, Paris 1922).

J. Meier-Graefe, *Impressionisten*, Munich-Leipzig, 1906.

V. Pica, *Gl'Impressionisti francesi*, Bergame 1908.

M. Denis, *Théories 1890-1910*, Paris 1912.

J.-E. Blanche, *Propos de peintres, de David à Degas*, Paris 1919.

R. Rey, *La Peinture française à la fin du XIXᵉ siècle. La renaissance du sentiment classique*, Paris 1931.

G. Besson, *Peinture française*, vol. III : *XIXᵉ siècle*, Paris 1934.

P. Francastel, *L'Impressionnisme. Les origines de la peinture moderne, de Monet à Gauguin*, Paris 1937.

A. Vollard, *Souvenirs d'un marchand de tableaux*, Paris 1937 (réédition, 1959).

W. Uhde, *Die Impressionisten*, Vienne 1937.

L. Venturi, *Les Archives de l'Impressionnisme* (2 vol.), Paris-New York 1939.

B. Dorival, *Les Étapes de la Peinture française contemporaine.* I — *De l'Impressionnisme au Fauvisme. 1883-1905*, Paris 1943.

C. L. Ragghianti, *Impressionismo*, Turin 1944.

G. Bazin, *L'Époque impressionniste*, Paris 1947 (édition revue et augmentée, Paris 1953).

T. Natanson, *Peints à leur tour*, Paris 1948.

J. Leymarie, *Manet et les Impressionnistes au Musée du Louvre*, Paris 1948.

M. Raynal, J. Leymarie, H. Read, *Histoire de la Peinture moderne.* I — *De Baudelaire à Bonnard*, Genève 1949.

C. Pissarro, *Lettres à son fils Lucien*, Paris 1950.

R. Cogniat, *La Peinture française au temps·des Impressionnistes*, Paris 1950.

F. Novotny, *Die grossen französischen Impressionisten*, Vienne 1952.

C. Roger-Marx, *Le Paysage français de Corot à nos jours*, Paris 1952.

J. Cassou, *Les Impressionnistes et leur époque*, Paris 1953.

L. Venturi, *De Manet à Lautrec*, Paris 1953.

R. Cogniat, *Au Temps des Impressionnistes*, Paris 1953.

Dictionnaire de la Peinture moderne, Paris 1954 (nouvelle édition augmentée, Paris 1963).

J. Leymarie, *Impressionnisme* (2 vol.), Genève 1955.

J. Rewald, *Histoire de l'Impressionnisme* (édition française), Paris 1955 (repris dans Le Livre de poche, Paris 1965).

J.-L. Vaudoyer, *Les Impressionnistes de Manet à Cézanne*, Paris 1955.

J. de Laprade, *L'Impressionnisme*, Paris 1956.

R. Cogniat, *L'Impressionnisme*, Paris 1956.

R. Th. Stoll, *La Peinture impressionniste*, Lausanne 1957.

G. Bazin, *Trésors de l'Impressionnisme au Musée du Louvre*, Paris 1958.

W. Balzer, *Der französische Impressionismus*, Dresde 1958.

Catalogue des Peintures, Pastels, Sculptures impressionnistes, Musée National du Louvre, Paris 1959.

F. Mathey, *Les Impressionnistes et leur Temps*, Paris 1959.

R. Cogniat, *Le Siècle des Impressionnistes*, Paris 1959.

M. Serullaz, *Les Peintres impressionnistes*, Paris 1959.

V. Van Gogh, *Correspondance complète* (3 vol.), Paris 1960.

J. Rewald, *Le Post-Impressionnisme, de Van Gogh à Gauguin* (édition française), Paris 1961.

M. Serullaz, *L'Impressionnisme* (Coll. « Que sais-je ? »), Paris 1961.

J. Leymarie, *Peinture française : XIXᵉ siècle*, Genève 1962.

P. Courthion, *Autour de l'Impressionnisme*, Paris 1964.

B. Von Grüningen, *De l'Impressionnisme au Tachisme*, Bâle 1964.

Th. Burollet et F. Mathey, *Le Musée de l'Impressionnisme*, Paris 1965.

F. Fénéon, *Au-delà de l'Impressionnisme* (recueil de textes par F. Cachin), Paris 1966.

J. Lethève, *De 1870 à 1914. Des Impressionnistes aux Cubistes*, Paris 1967.

Les Néo-Impressionnistes (publié sous la direction de J. Sutter), Paris 1969.

M. & G. Blunden, *Journal de l'Impressionnisme*, Genève 1970.

J. Clay, *L'Impressionnisme*, Paris 1971.